딸과
떠나는
인문학
기행

이 도서의 국립중앙도서관 출판시도서목록(CIP)은 e-CIP 홈페이지
(http://www.nl.go.kr/ecip)에서 이용하실 수 있습니다.(CIP제어번호: CIP2009001184)

딸과 떠나는 인문학 기행

design **house**

정자

거연정	012
명옥대	024
명옥헌원림	032
반구정	042
병암정	052
사인정	062
소쇄원	072
식영정	082
이지당	092
초간정	104
취가정	114
취묵당	124
화석정	130

고택

김동수 가옥	140
선병국 가옥	152
용흥궁	164
일두 고택	172

생가

김남주 시인 생가　184
이병기 생가　192
조병옥 생가　198
필경사　204
허난설헌 생가　212

근·현대 건축

강화성공회성당　224
공세리성당　236
돌마루공소　244
이월성당　254
전동성당　264
풍수원성당　276
나바위성당　286
호텔 라궁　296

난 스무 살 때
갈 길을 결정했고,
갈 것이고,
아무도 날
말릴 수 없다

2008년 11월 김원 선생 전화가 왔다. 야, 벌교 가자. 왜유? 태백산맥문학관 다 됐걸랑. 그럼 운짱하면 되남유. 아니 전세기 띄울 거야. 머라, 소설가가 전세기를. 150명 전세기 탑승. 여수 공항 도착. 버스 4대 갈아타고 벌교행. 중식. 꼬막 정식. 죽이는군.

1979년 조정래 지리산으로 들어갔다. 4년간 빨치산 자료 수집. 빨치산의 움직임을 지도로 직접 그리고. 민박. 어른들 인터뷰. 전 재산을 쏟아 붓다. 이 책 안 팔리면 가출할 생각. 나도 그렇고. 1983년 〈현대문학〉에 '태백산맥' 연재 시작. 이미 불혹. 1989년 6년 만에 10권 완간.

우익단체들은 1994년 4월 《태백산맥》을 국가보안법 위반 혐의로 고발. 고발장은 무려 121쪽. 조정래를 구속하라 훌라 훌라. 군대에선 금서로 지정되고. 1997년 100쇄 기념식장 난장판. 우익단체가 쳐들어온 거다. 2005년 무혐의 확정. 11년 걸렸다. 프랑스와 일본에서도 번역서 출간.

"아빠, 국가보안법이 머야?"

"빨갱이 때려잡는 법."

"지금도 우리나라에 빨갱이 있어?"

"없어."

"근데 왜 안 없애는 거야?"

"아빠 같은 좌파에게 재갈 물리려고."

《태백산맥》 10권의 총 원고 매수는 1만 6,500매. 아들을 불렀다. 너 나 죽으면 인세 받을 거지? 그럼요. 그럼 조건이 있다. 필사할 것. 머라고나. 한 달간 필사. 오른팔 기브스. 며느리를 불렀다. 너도 필사. 며느리도 입원.

2002년 3부작 《한강》 출간. 내는 책마다 대박. 2009년 20년 만에

《태백산맥》 1권 200쇄 돌파. 총 700만 부를 팔아치운 거다. 《아리랑》 340만 부. 《한강》 230만 부. 그럼 이거 몇 권이야. 어라 1,270만 권이네.

"아빠, 그럼 인세로 번 돈이 얼마나 되는 거야?"

"200억."

"아빠는 제일 많이 팔린 책이 머야?"

"《딸과 함께 떠나는 건축여행》"

"몇 쇄 찍었는데."

"10쇄."

"그럼 몇 권 팔린 거야?"

"2만 부."

"갈 길이 머네."

"응."

김원 선생을 찾았다.

"아니 선상님 매달 1억씩 들어오는데 글이 써집니까?"

"기가 세면. 통장은 부인이 관리해. 조 선생은 얼마 들어오는지도 몰라. 관심도 없고."

"아, 예."

2월 말 딸 멜 도착. 2월 월급 사용 내역.

도서 구입 3만 원. 《호밀밭의 파수꾼》, 《동물농장》, 《젊은 베르테르의 슬픔》, 《구운몽》, 《오셀로》. 미술학원 140만 원. 머라. 마누라한테 전화.

"학원비 70만 원 아니냐."

"방학 중에는 종일반이라 더블."

음. 미쳤군. 내 맘대로 되는 건 없고.

난 스무 살 때 갈 길을 결정했고, 갈 것이고, 아무도 날 말릴 수 없다.

"딸, 갈 길 결정했니?"

"응, 아빠는 어떤 길 가는 거야?"

"어진 길."

"어진 길 가려면 어떻게 해야 돼?"

"인문학 서적 독서."

"책만 읽으면 되는 거야?"

"문화유적 답사 병행."

"난 그냥 잘 먹고 잘 사는 길 갈래."

"머라."

출판사에서 멜 도착. 이번 책에 들어갈 전등사 사진 한 장 필요함. 전등사 사진 한 장 찍으러 강화도행. 왕복 450킬로. 머나먼 길. 그래도 가야만 하는 길.

"아빠, 왜 까지면서까지 그렇게 책을 내는 거야?"

"아무도 안 하니까."

정자

자연 속에서 풍류를 즐기고 정신을 수양하다

거연정
명옥대
명옥헌원림
반구정
병암정
사인정
소쇄원
식영정
이지당
초간정
취가정
취묵당
화석정

누가 내 이름을 알리 **거연정**

"아빠, 어떤 여대생이 서평 썼는데."
"올려라."
《딸과 떠나는 국보 건축 기행》은 읽으면 읽을수록 정말 구매하길 잘했다는 생각이 들었다. 딱딱한 문체와 사진 몇 장을 첨부한 흔하디 흔한 건축 서적일 거라는 나의 예상을 비웃기나 하듯 작가는 건축, 역사, 상식, 에세이, 유머를 모두 담아내고 있었다. 역사 서적인지, 건축 서적인지 구분하기 어려울 만큼 그의 역사적 지식이 뛰어났을 뿐만 아니라 딸이 언제, 어디서, 무엇을 질문하든 척척박사처럼 대답해 줄 수 있을 정도로 상식도 뛰어났다.
물론 건축평론가이니 만큼 건축에 대해서는 두말할 것도 없음이거니와 내가 정말로 《딸과 떠나는 국보 건축 기행》에 감탄한 이유는 독자들에게 건축, 역사, 상식을 따로 떼어놓지 않고 함께 아울러 설명하고 있기 때문이다. 거기다 그의 유머러스함은 그만의 독특한 문체를 업고 이 글의 양념 같은 효과로 다가왔으며 딸과의 대화 역시 그 웃음 뒤에 작지만 따뜻한 부성애를 안고 있었다. 실로 내용, 재미 그리고 감동의 세 박자를 두루 갖춘 책이라고 감히 말할 수 있겠다.

《딸과 떠나는 국보 건축 기행》은 장르를 떠나서 곁에 두고 몇 번이든 다시 읽어도 좋을 책이다. 이 책 한 권이면 이 책에 소개된 건축과 관련한 역사적 지식과 상식도 동시에 습득할 수 있기 때문이다. 또한 대한민국 국민으로서 민족의 혼이 담긴 국보 건축 21개 정도는 그것의 정확한 명칭과 함께 위치는 알고 있어야 한다고 생각하기

에 더욱 그러하다.

《딸과 떠나는 국보 건축 기행》을 읽다 보면 가슴속 깊숙한 곳에서 애국심 같은 것이 끓어오르기도 한다. 한 번도 작정하고서 찾아가 볼 생각을 해본 적이 없을 정도로 무관심했던 국보 건축이건만 여러 번의 화재나 일제의 침략 등과 같은 역경을 딛고 재건의 재건을 거쳐 오늘날까지 자랑스러운 국보로서 존재하는 건축물들을 알고 나니 국보 건축물들이 현재 조용히 그 자리에 있어 주는 것만으로도 감사하다는 생각이 들었다. 교수님이 바로 이 점을 상기시켜 주기 위해 과제를 낸 것이 아닌가 하는 생각도 들었다. 적어도 나에게는 국민의 관심에 불을 지르겠다던 작가의 집필 의도가 제대로 와 닿았음을 알리며 글을 마친다.

아가씨, 고마워유. 언제 연락하시면 내가 쏠게유. 소문 좀 많이 내 주시고.

전오륜. 본관 정선. 고려 말 충신. 이성계 쿠데타. 조선 건국. 불사이군不事二君. 선비는 두 임금을 섬기지 않는 법. 고향 마을 정선군 낙동리 백이산 입산. 고사리 캐먹으며 넋두리.

"누가 내 이름을 알리."

알리는 아라리가 되고 아라리는 아리랑이 되나니. 정선아리랑의 작사가, 전오륜 왈.

땡전 전두환(1931년~)
경남 합천 생. 육군사관학교 제11기로 졸. 1979년 국군보안사령관. 그해 10월 26일 박정희가 사망하자 계엄사령관 정승화를 체포하고 12·12군사정변 일으킴. 5·18 광주민주화운동 강제 진압. 수백 명의 시민 학살. 1981년 간선으로 제12대 대통령 당선. 1996년 12·12 및 5·18, 비자금 사건과 관련되어 사형 선고. 1998년 특별사면. 전두환 정권 당시 9시 시보가 '땡' 하고 울린 후, 바로 '전두환 대통령은…'이라는 멘트가 나온 데서 따온 별명. 사진은 충북 청원 청남대.

정선으로 가지고 온 관복을 몸에 걸치고 멀리 송도를 바라보니 슬픔만 하네.

요순 시대는 멀리 갔으니 내 어디로 가리오.

서산을 향하매 머리 드니 진세와 인연을 끊었네.

아리 아리랑 스리 스리랑 아라리가 났네.

아리랑 고개고개로 나를 넘겨 주게.

"아빠, 진세塵世가 머야?"

"티끌 많은 세상."

세상이 먼지로 가득하구나. 나도 빨랑 떠야 되는디.

"아빠, 땡전은 본관이 어디야?"

"정선."

"전오륜 할배 열받겠다."

"응. 좀 있다 올라가면 뒈지게 맞을걸."

"요순 시대는 머야?"

"요 임금과 순 임금이 덕으로 천하를 다스리던 태평한 시대."

박명부(1571년~1639년)
본관 밀양. 호 지족당知足堂. 1590년 20세에 식년문과 합격. 임진왜란 때 의병을 일으켜 진주 전투에서 큰 공을 세움. 광해군 때 낙향. 인조 때 다시 벼슬길 나감. 1637년 예조참판 사직. 다시 낙향. 농월정 건립. 안빈낙도. 1651년 영의정 추증. 화천사에 배향.

1637년 지족당 박명부가 화림동 계곡을 찾았다. 음 죽이는군. 서울에 사직서를 보냈다. 나 이제 예조참판 안 함. 이미 67세. 갈 준비해

야 됨. 지금으로 말하면 문광부 차관을 버린 거다. 자고로 선비는 들어갈 때와 나갈 때를 아는 법. 타이밍 놓치면 다치는 거 아시죠.
"아빠, 지족知足이 머야?"
"항상 나 자신의 본분을 지키겠다."
화림동 계곡은 해발 1,500미터의 남덕유산에서 발원한 금천이 서상, 서하를 흘러내리면서 냇가에 기이한 바위와 담, 소를 만들어낸 장장 15킬로미터의 무릉도원. 음 다들 왔다갔군. 나도 하나 지어야지. 거연정을 찾았다. 전오륜의 7대손 충주부사 전시숙의 막걸리 마시는 집. 바위 위에 얹었군. 그럼 기초 공사 안 해도 되고.
"야, 산 아래 바위 위에 쭉 기둥 세워라."
"거연정은 물가 쪽으로 많이 뺐는디유."

"그러니까 빼지 말라고 인마. 베꼈다고 하면 쪽팔리잖아. 나무는 다듬지 마라."

"나무가 휘어져 있는 건 어쩌남유?"

"야 인마, 너 얼굴 못생겼다고 대패로 미냐?"

"아니요."

"아빠, 쪽이 머야?"

"얼굴."

농월정

이렇듯 인물은 인물을 낳고 명품은 명품을 양산하나니. 현판을 걸었다. 농월정.

"아빠, 농월弄月이 머야?"

"달을 희롱한다."

달빛은 술 안주. 2003년 10월 5일 어떤 놈이 농월정에 불을 질렀다. 오 마이 갓. 1시간 만에 잿더미. 소방차 도착하기 전.

"아빠, 범인 잡았어?"

"아니."

방화범은 들어라. 그래 시원하냐, 이놈아. 쓰레기 같은 놈. 지장보살이 기다리고 계시니 올라가 봐라. 되도록 빨랑.

이제 화림동 계곡에 있던 8개의 명품 정자 중 3개 남았다.

"아빠, 농월정 복원 안 해?"

"돈 없대."

함양 군수님 공 그만 처리 다니시고 빨랑 복원하시죠.

함양을 다시 찾았다. 함양 정여창 고택 찍고 화림동 계곡 진입. 먼저 동호정東湖亭. 1895년 동호 장만리 공을 추모해 9대손 장재헌이 건립. 그냥 바위 위에 얹었다. 좀 거칠군. 경남 문화재 자료 제381호.

"아빠, 장만리도 쫌 듣는데."

지장보살
지장보살은 지옥의 고통에서 허덕이는 중생들을 극락세계로 인도해 주기 위해 스스로 부처가 되기를 포기하고 지옥 문전에 있는 보살이다. 오른손에 들고 있는 여의주로 어두운 지옥에 광명을 비춘다. 그림은 지장보살삼존도, 보물 제1287호, 고려시대.

정여창(1450년~1504년)
본관 하동. 호 일두一蠹. 1490년 별시문과 합격. 1498년 무오사화로 종성에 유배. 1504년 죽은 뒤 갑자사화에 연루되어 부관참시. 시호 문헌文獻. 중종 때 우의정에 추증. 광해군 때 문묘에 배향.

위 : 동호정
아래 : 군자정

"임진왜란 때 피난길의 선조를 등에 업고 뛰신 분이야."

"정말이야?"

"아님 말고. 그만큼 충신이었다는 뜻."

조금 올라가니 군자정君子亭이다. 일두 정여창을 추모하기 위해 1802년 전세걸이 건립. 군자가 노닐던 집. 경남 문화재 자료 제380호.

"아빠, 전세걸도 영월 전씨야?"

"응."

"근데 왜 영월 전씨가 정여창 정자를 짓는 거야?"

"정여창의 마누라가 영월 전씨걸랑. 위대한 선비 일두를 우리가 키웠다. 머 이런 거야."

군자정에서 냇가 깊숙이 학이 둥둥 떠 있다.

"아빠, 저게 거연정인 모양이지."

"응."

"좀 다르군. 기품이. 거연居然은 먼 뜻이야?"

"자연 속에서 살겠다."《거연정기》보자.

"영남의 빼어난 경치는 삼동三洞 : 심진동, 원학동, 화림동 등 덕유산 남쪽에 형성된 세 고을이 최고가 되고, 삼동의 경승은 화림동이 최고가 되나니, 화림동의 경승은 이 아름다운 곳에 세운 이 정자를 최고라 할 것인바."

"아빠, 정기精記가 머야?"

"건립 배경을 적은 글."

정자 앞을 흐르는 물은 방화수류천訪花隨柳川. 꽃을 찾고 버들을 따라간다. 죽이는군.

1853년 소실. 다음 해 중건. 1868년 소실. 1872년 전재학이 중건. 철제 구름다리를 건넜다. 나 원 참. 여기가 머 에버랜드도 아니고. 군수님 하나 더 부탁할게유. 목재나 돌로 다시 만드시죠. 이러니 사람들이 안 찾지. 대한민국 명품 거연정 안에 누가 감을 깔았나. 감 건조 중인 우리 명품. 화투 치고 있지 않은 게 그나마 다행. 여러분 좀 고마 합시다.

"엄마야, 복덕방 들러 여기 땅값 알아봐라. 나도 정자 하나 지어야지."

"아빠, 정자 이름 멀로 할 거야?"

"바보정."

"아빠, 바보야?"

"응. 건축밥 먹은 지 30년 만에야 거연정에 왔으니."

진작 왔으면 고생을 좀 덜 했을 텐데.

경남 유형문화재 제433호.

벼슬에서 물러나 시냇물을 벗 삼아 살겠다 **명옥대**

퇴계 이황. 1501년 경북 안동시 도산면 온혜리 생. 원래 이 동네 이름은 의동면. 1914년 도산서원을 따라 마을 이름도 바뀌고. 주유소도 도산. 슈퍼도 도산. 다방도 도산. 부친은 진사 이식.
"아빠, 진사가 몇 급 공무원이야?"
"9급 말단."
"아빠가 그렇게 센 사람은 아니었네!"
"현실이 싫어 속세에 안 나갔을 뿐 학문은 높았어."
이식의 첫째부인 의성 김씨는 2남 1녀 낳고 별세. 재취한 춘천 박씨가 낳은 5형제 중 막내. 태어난 지 7개월 만에 부친 돌아가시고. 어머니가 농사지어 8남매 건사(딸린 식구를 잘 보살핌). 어머니가 독하게 키웠겠군.

본관은 지성眞城. 조선시대 58명의 문과 급제자를 배출한 명문가. 23세에 성균관 입학. 34세에 식년문과 을과 급제. 어라 좀 늦네.

"아빠, 식년문과式年文科가 뭐야?"

"조선의 정시 과거 시험은 자, 묘, 오, 유가 들어가는 해에 3년마다 개최했걸랑. 이 자, 묘, 오, 유가 들어가는 해가 식년이야."

"자, 묘, 오, 유가 먼데?"

"2008년이 무슨 해더라?"

"무자년戊子年 쥐띠의 해."

"자가 들어갔으니 2008년에 과거 시험을 보고 2011년 신묘년, 2014년 갑오년, 2016년 정유년에 과거 시험을 보는 걸 말해."

"그럼 을과 급제는 머야?"

소수서원
1542년 풍기군수 주세붕이 고려의 유현儒賢 안향의 사묘를 세우고 1543년 백운동서원 설립. 1550년 이황이 조정에 상주해 소수서원이라는 사액을 받은 최초의 공인된 사학. 사적 제55호.

"문과 33명, 무과 28명의 합격생 중 문과 합격생은 다시 1~3등의 갑과, 4~10등까지의 을과로 등수를 매겨 관직을 주는 거야. 나머지는 병과. 갑과의 1등은 당연히 장원壯元 : 씩씩한 수석이고. 퇴계가 전국에서 10등 안에 들었다는 거야."

43세에 대사성에 오르지만 도성은 당파 싸움으로 시끌벅적.

"아빠, 대사성大司成이 머 하는 사람이야?"

"공자님을 모신 문묘를 관리하는 정 3품의 우두머리 벼슬."

낙향. 고향에 양진암養眞庵 : 진실을 찾는 암자 짓고 안빈낙도. 한양에서 임명장이 왔다. 단양 군수로 갈 것.

"안 간다니까."

"어명인디유."

가만 안 두는군. 그래 호도 아예 퇴계로 바꾼다.

"아빠, 퇴계退溪가 먼 뜻이야?"

"벼슬에서 물러나 시냇물을 벗 삼아 산다."

9개월 만에 사직. 몸이 아파서리. 첫째부인에 이어 둘째부인, 그리고 둘째아들까지도 하늘나라로 갔네. 나 원 참. 다시 임명장이 왔다. 풍기 군수로 갈 것. 어라, 백운동서원이 폐가로 버려져 있네. 임금에게 전화.

"전하, 백운동서원을 살려내야 되걸랑요?"

"니 맘대로 하세유."

왕도 퇴계한테는 꼼짝 못한다. 학문으로 일가 이루었지, 청렴결백하지. 잘생겼지. 이걸 우찌 건드냐. 그래 백운동서원은 왕으로부터 소수서원이라는 편액을 받고 조선 최초의 사액서원이 된다. 1년 만에 다시 사직. 1561년 완전 낙향. 도산서당 차린다.

퇴계는 서당을 짓고 《도산잡영陶山雜詠》 집필.

"아빠, 잡영이 머야?"

"여러 가지 사물을 읊은 시집."

"왜 서원 이름이 도산陶山이야?"

"이 서원 뒤에 있는 산이 질그릇처럼 생겨서. 센 선비들은 원래 인위적인 걸 싫어했걸랑. 질그릇처럼 투박한 서원."

전국에 소문이 났다. 조선 최고의 사설학원이 생겼대나 뭐라나. 숙식, 학비 공짜인. 난리가 났다. 젊은이들이 구름처럼 모여들고. 부랴부랴 농운정사 건립.

"아빠, 농운정사濃雲精舍는 뭐 하는 데야?"

"아주 짙은 구름이 드리워진 정신을 수양하는 집."

1566년 후학들과 대한민국 최고의 명품 봉정사를 찾았다. 어라 계곡이 아트네. 돗자리를 깔았다.

"애들아, 저 폭포가 떨어지는 바위 이름이 머시더냐?"

"낙수대落水臺이옵니다."

"촌스럽군. 명옥대로 바꿔라."

"먼 뜻인지?"

"머라. 머리 박아라. 비천수명옥飛泉漱鳴玉 나는 샘이 명옥을 씻어내리네."

옆의 제자가 물었다.

"명옥이 먼 뜻인지?"

"너도 박아라. 우는 구슬."

퇴계가 그 옆의 제자에게 물었다.

"이거 누구 시냐?"

"두보 아닌감유?"

봉정사
672년 의상대사가 창건. 13세기에 건립된 극락전은 국보 제15호. 대한민국에서 가장 오래된 목조 건축물. 대웅전은 보물 제55호. 의상대사가 부석사에서 날린 종이 봉황이 내려앉은 절.

찍었다.

"박아라. 육기 왈."

더 이상 묻는 제자가 없다. 머리 박을 게 뻔하니.

육기260년~303년. 자 사형士衡 : 균형 잡힌 선비. 할아버지는 오나라 재상. 아빠는 군사령관. 명문가 출신 시인. 20세에 조국 오나라 멸망. 낙향. 책만 읽었다. 선비가 두 임금을 모실 수는 없는 법. 10년 만에 정치 무대 복귀. 팔왕의 난 때 사형. 이제 38세. 이걸 퇴계는 알고 있는 거다. 다시는 속세에 나가나 봐라.

"엄마야, 《육사형집》 사 와라."

"예."

"10권이란다."

"머라."

마누라 누웠다. 내 다시는 선비하고 결혼하나 봐라.

1570년 퇴계 갈 때가 됐다. 유언은 이렇다.

"평소에 아는 대로 가르쳤지만 나도 모르게 틀린 것이 있을지 모르니 양해를 바란다." 나 간다. 센 선비의 유언은 단순한 법.

퇴계의 부음을 들은 이이는 통곡하면서 만사를 짓고 제문을 바쳤다. 선생은 세상의 유종儒宗 : 유교의 시조이 되셨다. 정암 조광조 이후에 견줄 만한 사람이 없다. 재조才調 : 재주의 옛말와 기국器局 : 기량의 옛말은 혹 정암에 미치지 못한다 해도 의리를 탐구하고 정미精微 : 정밀하고 자세함함을 다한 데 이르러서는 정암 또한 미칠 수 없는 정도였다.

도산서원을 찾았다.

"아빠, 이 도산서원 어디서 많이 본 건물인데."

"천 원짜리 지폐 후면에 그려져 있는 서원이야. 전면 초상화는 당연히 퇴계 선생이고."

이이(1536년~1584년)
본관 덕수. 호 율곡栗谷. 어머니는 신사임당. 1576년 동인과 서인의 대립 갈등이 심화되자 사직. 낙향. 45세 때 대사간으로 복관. 십만양병설 주장. 다시 낙향. 문묘에 배향. 시호 문성文成. 대한민국은 오천 원 권에 이율곡의 초상화를 새겨 그를 기린다.

조광조(1482년~1519년)
본관 한양. 호 정암靜庵. 시호 문정文正. 김굉필의 제자. 19세에 진사시 장원. 1518년 대사헌. 성균관 유생들을 중심으로 한 사림파의 절대적 지지를 바탕으로 도학정치 주장. 기묘사화. 능주에 유배. 사사. 영의정 추증. 문묘에 배향. 사진은 화순군 능주면 조광조 유배지.

"아빠, 1천 원짜리 지폐에 그려진 그림과 좀 다른 거 아니야?"
"신권 후면의 그림은 1747년 겸재 정선이 도산서당을 그린 '계상정거 溪上靜居'니까 좀 다를 수 있어."
"계상정거가 먼 말이야?"
"시냇가 위에 집을 짓고 세상일을 떠나 한가로이 살아감."
"도산정거라고 해야 하는 거 아니야?"
"도산서당의 원래 이름이 계상이었걸랑. 딸아, 오늘의 사자성어는 청출어람 靑出於藍이다. 푸른빛이 쪽빛에서 나왔지만 쪽빛보다 더 푸르단다."
"그게 먼 말이야?"
"한 스승에게서 배운 제자가 그 스승보다 훨 나은 법."
"알았어."

1871년 열 받은 흥선대원군 大院君 : 왕의 친아버지에게 주던 벼슬은 전국에 서원 철폐령을 내린다. 까불고 있어. 가방 끈 좀 길다고 봐줬더니 감히 왕실의 권위에 도전해. 그것도 끼리끼리 모여서.

"합하, 도산서원은 우찌 하죠?"
"너 나 죽는 거 보고 싶냐. 그건 냅둬. 퇴계 건드렸다간."
"아, 예."
"아빠, 합하 閤下가 뭐야?"
"정일품 벼슬아치를 높여 부르던 말. 왕의 아빠는 영의정과 동급이었걸랑."

주차장으로 나와 커피 한 잔 뽑아 마시는데 이육사문학관이 근처에 있다는 입간판이 보인다. 어라 이육사 선생이 왜 이 동네에 계시지!

"아빠, 이육사하고 퇴계 선생하고 친척인가?"
"응. 이육사는 퇴계의 14대손. 역시 세군."

서원 철폐령
지금의 사립 중고등학교인 서원은 시간이 흐르면서 온갖 패거리 정치의 온상으로 타락, 탈세도 일삼고, 1871년 화가 난 흥선대원군은 역대 왕이 현판을 내린 사액 서원 47곳만 살리고 600여 개 서원 훼철. 최근 많은 서원들이 복구되고 있음.

도산서원
원래는 이황이 도산서당을 짓고 유생을 가르치며 학덕을 쌓던 곳. 1575년 한호의 글씨로 된 사액을 받음으로써 영남 유학의 연총淵叢이 되었다. 1574년 이황의 문인들이 안동시 도산면 토계리에 창건. 사적 제170호.

이육사의 본명은 원록. 호가 육사.

"아빠, 육사가 먼 뜻이야?"

"뜻 없어. 이 선생이 왜놈 은행에 폭탄 던졌다가 형무소에서 3년 살았걸랑. 그때 수인번호가 264번이었어. 그래 전의를 다지려고 이육사라고 한 거야."

1665년 퇴계의 후학들이 정자 건립. 현판을 걸었다. 명옥대. 경북 문화재 자료 제174호.

"아빠, 창암정사蒼巖精舍라는 현판도 걸렸는데. 먼 뜻이야?"

"이끼 낀 푸른 바위."

탁 트인 풍광. 새들은 지저귀고. 어라 냇물도 흐르네. 완전 낙원이군. 엄마야 막걸리 사 와라. 나 오늘 집에 안 간다. 너무 센 놈이 많아.

모든 걸 잊고 몸과 마음을 깨끗이 하겠다 **명옥헌원림**

"아빠, 어떤 네티즌이 아빠 책은 심심할 때 읽는 책이라는데."
"머라, 난 목숨 걸고 쓰고 있는데. 올려라."
먼저 작가의 이력이 꽤 특이하다. 작가 이용재는 건축 잡지를 업으로 하다가 택시 기사로 돌아선 분이다. 돌아섰다기보다는 돌아서게 되었다는 게 맞을 것이다. 아무튼 그는 주중에는 택시 일을, 주말에는 딸아이를 데리고 한국 건축을 탐방하는 삶을 산다. 이 책은 그렇게 둘러본 한국 건축의 이야기를 모아 놓은 책이다.
나는 이 책을 책상 옆에 두고 심심할 때마다 조금씩 읽었다. 덕분에 거의 2주 동안 책을 붙잡고 있었지만 이것이 이 책을 읽는 가장 좋은 방법이다. 이 책은 말 그대로 심심할 때 읽기 딱 알맞게 쓰여졌기 때문이다. 작가는 대중을 위한 건축 책을 지향한 것 같고, 그렇게 쓰는 데 성공했다. 그러나 가끔씩 지나치게 가벼운 글이라는 느낌이 들었다.

대중을 위한 책은 '가볍다'기보단 '간결한' 것이 바람직하다. 물론 그런 글을 쓰기 위해선 엄청난 내공이 필요할 것이다. 또 한 가지 아쉬운 점은 사진이다. 가끔 긴 호흡으로 건물의 모습을 묘사한 부분들이 있었다. 그런 묘사는 작가의 주관적인 시각을 반영한 것이기 때문에 글을 좇기가 쉽지 않다. 작가의 시선을 따라간 사진이 실렸으면 더 좋을 뻔했다.

이 책을 읽고 느낀 것은 역시 건축은 쉽지 않은 일이라는 점, 또 건축가들은 엄청나게 깊은 내공을 가진 대단한 사람들이란 점이다. 인생의 모든 부분에서 등가교환의 법칙이 성립한다는 것을 또다시 인지시켜 준 책이었다.

〈행복이 가득한 집〉에 이용재의 기사가 나왔다. 《딸과 함께 떠나는 건축여행》 해외 편을 계획 중이라고 했다. 어떤 상황에서도 자신이 좋아하는 일에 초지일관하는 이용재가 부럽다.

따라하지 마서유. 다칩니다. 몸도, 재산도. 그냥 심심할 때 즐기서유. 해외 편은 돈 없어서 보류.

오희도 1584년~1624년. 본관 나주. 오씨의 대부분은 해주 오씨. 나주 오씨는 7개의 오씨 중 인구 2만 5천 명으로 랭킹 4위 집안. 호 명곡 明谷 : 밝은 계곡. 1601년 과거 1차 예비 시험 사마시 합격. 1602년 부친상. 3년 시묘에 들어간다. 1614년 과거 2차 예비 시험 진사시 합격.

"아빠, 3년 시묘는 어떻게 하는 거야?"

매일 해 뜨기 전 새벽에 묘소를 향해 출발. 짚신 신고 머리에는 굴건屈巾, 굴건 위에 다시 삿갓을 쓴다. 옷은 제복祭服. 묘지에 도착해서는 묘소 앞에서 절을 하면서 아버지 생각을 하고. 점심은 집에서 준비해 간 누룽지. 반성. 식수는 주변에 있는 옹달샘에서 해결. 저녁 해가 서산으로 뉘엿뉘엿 넘어갈 무렵인 유시酉時 : 오후 5시~7시에 집으로. 눈이 오나 비가 오나 매일 이 일과를 3년간 반복.

"아빠, 나 안 해도 되지."

"응. 딸은 면제."

아들 입양해야 되나.

좀 맛이 간 조선 제15대 왕 광해군. 이복동생인 적자 영창대군 증살. 방에 가두고 방바닥을 계속 달궈 쪄 죽인다. 서자의 콤플렉스. 그렇다고 8세 막내를. 막가는군. 이 그지 같은 세상. 명곡은 외가댁인 순천 박씨의 집성촌, 담양군 고서면 선덕리로 낙향. 다 처가 동네로 가는군. 나도 제주도로 가야지. 망재忘齋라는 정자 짓고 안빈낙도.

정자 : 명옥헌원림

모든 걸 잊고 몸과 마음을 깨끗이 하겠다. 나가나 봐라.
쿠데타 준비 중인 능양군이 전국 유람에 나섰다. 쿠데타에 동참할 지역 유지들을 설득하러 떠난 거다. 군자금도 모을 겸. 임진왜란의 영웅 고경명 장군의 고향을 찾았다. 고경명 장군의 손자 월봉 고부천이 마을 앞으로 마중을 나왔다. 장령掌令 : 지금의 감사원 감사관을 끝으로 안빈낙도 중인 월봉.
"마마, 우째 이리 먼 길을."
"나 좀 도와주게."
"저는 한때 광해군의 녹을 먹은 적이 있어서. 명곡을 찾아보시지요."
"아빠, 왜 임금을 두 명 모시면 안 되는 거야?"
"군신유의君臣有義. 임금과 신하 사이에는 의리가 있어야 하걸랑."

036 딸과 떠나는 인문학 기행

위 : **취가정**
김덕령이 출생한 곳. 임진왜란 때의 의병장 김덕령의 충정을 기리기 위해 1890년 후손 김만식이 세웠다. 한국동란으로 소실. 1955년 중건. 석주 권필의 꿈에 누명을 쓰고 죽은 김덕령이 나타나 억울함을 호소하고 한 맺힌 노래 '취시가 醉時歌'를 부르자 권필이 이에 화답하는 시를 지어 원혼을 달랬다.

아래 : **송강정**
정철은 1584년 동인의 탄핵을 받아 창평으로 돌아와 죽록정竹綠亭이라는 정자 짓고 은거. 지금의 정자는 1770년 후손들이 그를 기리기 위해 중건하면서 송강정으로 개명. 1955년 중건. 전라남도 기념물 제1호.

능양군은 말머리를 후암마을로 돌렸다. 이 동네 장난 아니네. 신죽림칠현(소쇄원, 식영정, 환벽당, 취가정, 면앙정, 송강정, 명옥헌)의 동네답군.

"아빠, 죽림칠현이 머야?"

"중국 위, 진의 교체기에 권력에 등을 돌리고 죽림竹林 : 대나무 숲에 모여 거문고와 술을 즐기며 청담으로 세월을 보낸 일곱 명의 선비."

"청담 淸談이 먼데?"

"어지러운 현실 세계에서 벗어나 자아의 해방과 개성적인 표현의 자유를 노래하는 거."

능양군은 후암마을 입구 은행나무에 말을 묶고 망재에서 명곡과 마주 앉았다.

"좀 도와주쇼."

"싫어유."

"머라. 나 왕잔데."

"그럼 죽이십시오."

작전상 후퇴. 다음날 다시 찾았다.

"좀 도와주쇼."

"아직 안 떠나셨남유."

"갈 곳도 없다네."

다음날 또 찾았다. 삼고초려. 누가 이기나 해보자. 항복.

"아빠, 삼고초려三顧草廬가 머야? 많이 들었는데."

"유비가 제갈량을 얻기 위해 그의 누추한 초가집을 3번씩이나 찾아갔걸랑."

1623년 인조반정. 능양군 조선 제16대 왕 등극. 약속대로 명곡 한양 입성. 인조가 문묘를 찾았다. 알성문과. 당연히 명곡 합격. 다음 해 천연두로 세상을 떠난다. 괜히 속세로 나왔군.

명곡의 넷째아들 오명중 1619년~1655년 벼슬길에 나서지만 1651년 정시 과거 낙방. 3년마다 달랑 33명만 뽑는 식년문과에 급제하기는 하늘의 별 따기. 나 그럼 벼슬 안 해. 후암마을로 낙향. 1652년 고향 마을에 부친에게 바치는 정자 건립. 현판을 걸었다. 명옥헌 鳴玉軒. 흐르는 물소리가 옥이 부서지는 소리로 들리는 집. 전라남도 기념물 제44호.

"아빠, 어떤 집에 '헌軒'을 붙이는 거야? 헷갈려."

"양반이 속세를 떠나 자연 속에서 안빈낙도 하는 집."

흐르는 계곡의 물을 담아 위아래로 두 개의 연못을 만들었다. 방지원도형 方池圓島形. 하늘은 둥글고 땅은 네모난 법. 네모난 연못은 땅, 연못 중앙의 둥근 섬은 하늘. 연못 주위에 배롱나무를 잔뜩 심으니 이곳은 완전 극락. 7월부터 9월 말까지 백 일간 쉬지 않고 꽃을 피우는 백일홍.

1980년대 후반 우리 시대의 글쟁이 황지우가 이곳 명옥헌원림을 찾아 움막을 짓고 백일홍을 노래한다. 벌써 왔다가셨군. 보자.

물 빠진 연못

다섯 그루의 노송과 스물여덟 그루의 紫薇나무가

나의 화엄 연못, 지상에 붙들고 있네

이제는 아름다운 것, 보는 것도 지겹지만

화산재처럼 떨어지는 자미 꽃들, 내 발등에 남기고

공중에 뜬 나의 화엄 연못, 이륙하려 하네

가장자리를 밝혀 중심을 비추던

그 따갑게 따뜻한 그곳; 세상으로부터 잊혀진

中心樹, 폭발을 마치고

난분분한 붉은 재들 흩뿌리는데

나는 이 우주 잔치가 어지러워서

연못가에 眞露 들고 쓰러져버렸네

하, 이럴 때 그것이 찾아왔다면

하하하 웃으면서 죽어 줄 수 있었을 텐데

깨어나 보니 진물 난 눈에

다섯 그루의 노송과 스물여덟 그루의 자미나무가

나의 연못을 떠나버렸네

한때는 하늘을 종횡무진 갈고 다니며

구름 뜯어먹던 물고기들의

사라진 水面
물 빠진 연못, 내 비참한 바닥,
금이 쩍쩍 난 진흙 우에
소주병 놓여 있네

"아빠, 황지우가 누구야? 첨 듣는데."

"머라."

1952년 해남 생. 1972년 서울대학교 미학과 입학. 1973년 유신 반대 시위하다 강제 입영. 당시 침묵했던 인간들은 지금 공 치러 다니고 있고. 1980년 광주민주화운동에 가담한 혐의로 구속. 1981년 서울대학교 대학원에서 제적. 당연히 재기. 고난이 오면 선비는 더 세지는 법. 1994년 한신대학교 교수. 1997년부터 한국예술종합학교 연극원 교수로 있다가 2006년 총장 등극. 1983년《새들도 세상을 뜨는구나》로 우리의 우상 등극. 당시 난 대학교 4학년.

자, 이번 휴가 때 진로 소주 한 병 들고 후산마을 한번 찾아보시죠.

"아빠, 전라도에 폭설 내렸대."

"짐 싸라."

"또 가?"

"설경 찍어야지."

"나 바빠. 혼자 다녀와."

오늘 또 6백 킬로미터 강행군. 가도 가도 끝이 없는 길.

정자 : 명옥헌원림

갈매기와 놀며 여생을 보내겠다 반구정

송년회 겸 때늦은 《딸과 떠나는 국보 건축 기행》 출판기념회를 열었다. 참석자 면면 보자. 김원, 김개천, 조정구, 구본준, 김신, 디자인하우스 직원들. 글고 마누라와 딸. 10만 원 주고 해금 연주자 초청. 30분간 공연. 애절한 선율. 마이 웨이 신청. 보자.
자, 이제 마지막이 가까워졌군
내 생의 마지막 순간을 대하고 있어
친구, 분명히 해두고 싶은 게 있어
내가 확신하는 바대로 살았던
삶의 방식을 얘기해 볼게
난 충만한 삶을 살았고
정말 많은 걸 경험하며 돌아다녔지만

그보다 훨씬 더 굉장했던 건

난 항상 내 방식대로 살았다는 거야

후회라…… 꽤 있었지

그렇지만 달리 보니

끄집어내어 이야기할 정도로 많았던 건 아냐

난 내가 해야 할 일을 했었고

한 치도 예외 없이 그것을 끝까지 해냈지

난 계획된 길을 따라가기도 했고

샛길을 따라 조심스러운 걸음도 계획했었어

그리고 그보다 더 가치 있었던 건

난 항상 내 방식대로 살았다는 거야

그래 맞아

자네도 잘 알겠지만

어떤 때는 지나치게 과욕을 부린 적도 있었지

하지만 그런 모든 일을 겪는 도중

의심이 생길 땐 전적으로 믿었다가도

딱 잘라 말하기도 서슴지 않았어

모든 것과 정면으로 맞서면서도

난 당당했고, 내 방식대로 해냈던 거야

사랑도 해봤고, 웃기도, 울기도 했었지

가질 만큼 가져도 봤고, 잃을 만큼 잃어도 봤지

이제, 눈물이 가신 뒤에 보니

모두 즐거운 추억일 뿐이야

내가 했던 모든 걸 생각하니

쑥스럽지만 이렇게 말해도 되겠지

'아뇨, 무슨 말씀을, 난 달라요. 난 내 방식대로 살았어요'라고

사나이가 사는 이유가 뭐고, 가진 것이 과연 뭐겠어

그 자신의 주체성이 없다면 가진 게 아무것도 없는 거지

비굴한 사람들이 하는 말이 아니라

자신이 진실로 느끼는 걸 말하는 게 진정 남자 아니겠어

내 경력이 말해 주고 있듯이 난 어려움을 피하지 않았고

항상 내 방식대로 해결했어

그래, 그건 나만의 방식이었어

나 역시 내가 결정한 방식이 있어서 그대로 따른 거야

때론 그 방식이 다른 사람들과 달라서 그 길을 따를까도 생각했었지만

내가 옳다고 생각하는 방식으로 살아가기로 결정했어

눈물 나는군. 나만 그런가.

"김원 선상님, 저도 이제 지천명에 이르렀습니다. 세상이 좀 보이네유."

"인제 오십이냐. 난 임마 이순 넘은 지 한참 됐걸랑."

"이순耳順이 먼감유?"

"다 들어준다."

"아, 예."

황희. 1363년 개성 생. 본관 장수. 호 방촌厖村 : 두터운 마을. 문과 급제자 40명 배출한 명문가. 인구 15만 명. 청백리 1명 배출. 물론 황희 정승. 1376년 음보로 벼슬길에 나서지만 승진이 어렵다.

"아빠, 음보蔭補가 머야?"

"부친의 벼슬이 정승에 오르면 장남에 한 해 9품 벼슬 주는 거. 아빠가 강원도 도지사였걸랑."

1389년 정시 과거 합격. 1392년 나라가 망했다. 머라. 고려의 충신 73명은 경기도 개풍군 광덕산으로 들어가 문을 걸어 잠그고 현판을 걸었다. 두문동. 나가나 봐라. 고사리 캐 먹고 산다.

"아빠, 그럼 두문불출杜門不出이 여기서 유래된 거야?"

"응."

이성계 열 받았다. 머라. 나를 능멸해. 야, 나와라. 삼고초려. 황희 혼자 나왔다. 속세에 들어가 정화하겠다. 나머진 불질렀다. 72현 몰살. 황희는 무릎 꿇고 피눈물을 흘렸다. 죄송합니다. 1394년 세자의 스승인 우정자 취임.

"아빠, 세자世子가 먼 뜻이야?"

"세상에서 제일 중요한 아들."

1398년 왕이 정종으로 바뀌었다. 1400년 또 왕이 태종으로 바뀌었다. 왕이 바뀌거나 말거나다. 방촌은 탄탄대로. 1405년 지신사知申事.

지금의 대통령 대변인. 장관급. 들어도 못 들은 척, 알아도 모르는 척 해야 되는 최측근 벼슬. 다치기도 쉽고. 6조 판서 역임. 돌아가면서 여섯 번 장관. 그래 방촌은 모르는 게 없다. 정치에서 경제, 건축까지.

1404년 세자에 오른 양녕대군은 천방지축. 1408년 세자가 바뀐다. 셋째아들 충녕대군으로. 사상 초유의 사태. 방촌은 경복궁 안마당에 거적을 깔고 머리를 풀었다. 전하, 명을 거두어 주시옵소서. 장자가 세자 하는 게 맞걸랑요. 감히 칼잡이 이방원에게 대든 거다. 죽으려고 환장했군. 야, 저 친구 유배 보내라. 곧 다시 부를 거니까 가까운 교하로.

"아빠, 교하가 어디야?"

"파주시에 있는 마을."

"왜 마을 이름이 교하交河야?"

"여기서 임진강과 한강이 만나걸랑."

상소가 빗발친다. 방촌을 더 멀리 보내라 홀라 홀라. 좋다. 남원으로 가라. 1419년 남원읍 뒤집어졌다. 명 재상이 오신다네. 방촌은 광통루라는 누각 짓고 안빈낙도. 후에 이 누각은 정인지가 중건하면서 광한루가 되나니. 역시 선비가 지나간 흔적은 명품이 된다. 댐비는 놈도 없고. 세월이 가거나 말거나. 음 좋군.

1422년 세종대왕이 남원을 찾았다. 몰래. 이제 죽었군. 사약 갖고 왔나. 아니다. 올라가시죠. 싫어유. 세종대왕은 숙소에 여장을 풀고 삼고초려. 너 안 가면 나도 안 간다. 나 원 참. 이제 좌참찬. 우의정, 좌의정 거쳐 1431년 영의정. 안 해본 벼슬이 없군. 조선 6백년사에 유례가 없는 일. 영의정 재위 기간 18년.

상소가 빗발친다. 방촌의 집이 엄청 화려하다. 봉투 받은 게 확실. 머라. 세종이 몰래 파주시 문산읍 사목리를 찾았다. 집은 쓰러져 가는 수준. 비 안 새는 데가 없고. 어라 마당에 깔려 있는 거적은 너덜너덜하네.

"야, 너 그동안 월급 받은 거 머 했냐?"

위 : **방촌영당**
후손들이 선생의 영정을 모시고 제사 지내는 사당. 경기 기념물 제29호.

아래 : **앙지대仰止臺**
하늘을 보면 욕심을 그치는 집. 상량문 보자. '오직 선善만을 보배로 여기고 딴 마음이 없는 한 신하가 있어 온 백성이 우뚝하게 솟은 산처럼 쳐다본다.'

정인지(1396년~1478년)
본관 하동. 호 학역재學易齋. 시호 문성文成. 19세에 식년문과 장원급제. 문과 중시에 장원급제. 1453년 계유정난 때 수양대군을 도와 좌의정이 되고 정난공신 1등에 책록. 1455년 영의정. 1458년 불서佛書 간행을 반대하다 부여에 부처付處(벼슬아치에게 어느 곳을 지정해 머물러 있게 하던 형벌). 곧 풀려나와 다시 부원군이 되고, 처세술의 달인.

허목(1595년~1682년)
본관 양천. 호 미수眉叟. 시호 문정文正. 1626년 생부 정원대원군을 왕으로 추숭해 나가려는 인조의 뜻을 지지한 박지계의 이름을 유생 명부에서 지웠다가 과거 응시 금지당함. 광주 자봉산에 들어가 학문을 닦았다. 21년 만에 하산. 1659년 장령. 1675년 우의정. 과거를 거치지 않고 정승까지 승진한 흔치 않은 인물. 1680년 경신환국으로 남인이 실각할 때 삭탈관작. 1688년 관작 회복.

위 : **방촌동상**
중간 : **경모재景慕齋**
제사를 준비하는 재실.
아래 : **청정문**

"동네 아그들 퍼 줬는디유."

그럼 그렇지. 방촌 무고한 애들 다 감옥행. 건교부 장관을 불렀다. 야, 방촌 집 다시 지어 주고 땅 5천 평 하사해라. 또 퍼줄 텐디유. 어명이라고 해라. 퍼주지 말 것.

"전하, 저 술 한잔 주서유."

"그러지 머."

"저 관둘래유."

"머라. 안 됨."

막걸리를 항아리째 들이켰다.

"전하, 제가 올해 몇인지 아시남유?"

"일흔쯤 됐나?"

"올해 87세이옵니다."

"벌써 그렇게 됐나."

"지가 모신 왕만 7명이옵고."

"태정태세 4명 아니냐?"

"고려의 우왕, 창왕, 공양왕도."

"아, 그렇군."

"지가 18년 하다 보니 인사 적체도 심허고."

"그래 좀 쉬어라."

"광영이옵니다."

당나귀 타고 고향 마을 정자에 앉아 갈매기하고 논다. 세월이 우째 이리 빠른고. 청백리 등극. 학덕과 청빈을 다 가진 위대한 선비임을 왕이 공증함.

1452년 간다. 이미 구순. 전하 방촌 갔다네요. 머라. 세종 졸도. 시호를 내렸다. 익성翼成. 큰 학문을 이룬 날개를 단 선비임. 다음 해 세종도 간다. 유언은 이렇다. 방촌을 내 능에 배향해라. 알것습니다, 전하.

장남 황치신 우의정 등극. 차남 황수신 영의정 등극. 대를 잇는군. 1455년 후학들이 십시일반. 방촌의 낚시터에 정자 중건. 현판을 걸었다. 반구정伴鷗亭. 갈매기와 놀며 여생을 보내는 집. 한국동란. 괴뢰군이 불질렀다. 너무 멋있다나 머라나. 내 이 인간들을. 1962년 콘크리트로 대충 복원. 1998년 목조로 중건. 딸과 함께 임진각 가는 도로를 올라탔다. 통일 되면 북한 가는 길. 임진강변으로 죄다 철조망.

"아빠, 이 철조망 왜 쳐 논 거야?"

"간첩 넘어올까 봐."

"그냥 양복 입고 비행기 타고 오지 힘들게 머 하러 헤엄쳐서 와?"

"그러게 말이다."

국방부 장관님, 이 철조망 좀 뜯으시죠. 영 볼썽사나워서.

반구정에 올랐다. 나 원 참. 머야, 이거. 임진강에 떠다니잖아. 명색이 건축 평론가가 50세 먹어서야 찾았으니.

허목이 반구정을 찾았다. 죽이는군. 허목 왈.

정자는 파주 서쪽 15리 임진강 아래에 있고 조수 때마다 백구가 강 위로 모여들어 들판 모래사장에 가득하다. 9월이면 기러기가 손으로 온다. 서쪽으로 바다는 20리이다.

경기 문화재 자료 제12호.

정자 : 반구정

인간은 건축을 만들고, 건축은 인간을 만든다 　병암정

울산 문수고등학교에서의 특강. 저녁 7시임에도 120명이 들어왔다. 대부분 여학생. 여성 상위시대 맞군. 인근 학교에서들 오신 선상님들도 보이고. 소득 수준 전국 1위인 부자 동네. 조선업, 자동차 산업이 호황이라. 물론 문화재는 전무한 황무지. 둘 다 가질 순 없는 법. 여학생들 질문이 쏟아졌다.

"요새 취직이 어려운디 우찌해야 되남유?"

"취직하지 말 것. 어차피 잘릴 거."

"그럼 우찌해야 되남유?"

"때를 기다릴 것. 독서하면서."

"언제까지요."

"불혹 때까지."

"그때까지 머 먹고 사남유?"

"부친 전화번호 알려 주면 내가 전화해 놓겠음."

"아빠가 안 된다고 하면유?"

"수녀원이나 군 입대해 때를 기다릴 것."

"그럼 장사하면 어떨까유?"

"어차피 망할 거 하지 말 것."

"당최 먼 소린지 알 수가 없네유."

"책에 다 있음. 강의 끝."

특강 마치고 콘도에서 1박. 예천군을 찾았다.

"아빠, 예천이 먼 뜻이야?"

정유재란 때 울산의 왜군을 토벌하기 위해 이 고을을 지나던 명나라 장수 양호가 예천읍 노상리의 주천이란 샘의 물을 마셔 보고 뽕간다. 물맛이 달고, 겨울엔 따뜻하고 여름철엔 이가 시릴 정도로 차가운 게 우리 중국의 예천醴泉 : 단술처럼 맛이 좋은 샘 못지않구나.

고려시대 때 흔씨의 집성촌. 고려 제29대 충목왕 등극. 충목왕의 이름은 흔. 난리가 났다. 왕의 이름은 백성이 사용할 수 없는 법. 성 바꿔라. 엄마는 안동 권씨. 좋다. 드럽고 치사해서. 그래 흔씨는 예천 권씨가 되나니.

예천 권씨의 5대손 권선의 아들 오행, 오기, 오복, 오윤, 오상 5명 전원 과거 급제. 가문의 영광. 오복문五福門 등극. 오복과 오자五子를 다 갖춘 센 집안임.

"아빠, 오복이 머야?"

수壽 : 장수하는 거

부富 : 물질적으로 넉넉하게 사는 거

강령康寧 : 몸이 건강하고 마음이 편안한 거

무오사화

김종직의 제자 김일손이 성종 때 춘추관의 사관으로 있으면서 훈구파 이극돈의 비행과 세조의 찬탈을 사초에 기록. 1498년 《성종실록》 편찬. 이극돈은 김일손이 사초에 삽입한 김종직의 조의제문이 세조가 단종으로부터 왕위를 빼앗은 일을 비방한 것이라고 연산군에게 고하였다. 연산군은 김종직의 관을 파헤쳐 그 시체의 목을 베었다. 김일손 등 사형. 정여창, 김굉필 등 귀양. 사림파 전멸.

유호덕 攸好德 : 도덕 지키기를 좋아하는 거

고종명 考終命 : 제 명대로 살다가 편히 죽는 거

"아빠는!"

"삼복. 수와 부는 불가."

1498년 무오사화. 연산군 열 받았다. 예천 권씨 영수 셋째아들 권오복 사형. 이제 32세. 나머지 가족은 전부 살아남기 위해 본관을 바꾼다. 나 안동 권씨걸랑요. 그래 현재 안동 권씨는 70만 명. 예천 권씨는 달랑 5천 명.

"아빠, 조선시대 사화는 네 번이지."

"응. 많이 늘었구나."

"두 번은 연산군이네."

정자 : 병암정

"응. 수도 없이 많은 선비를 죽인 왕. 그래 종묘에도 안 모셨어."
"연산군 나중에 어떻게 됐어?"
"1506년 왕에서 쫓겨나 강화로 유배. 같은 해 31세로 병사."
"묘는 어딨는데?"
"몰라. 알고 싶지도 않고."

살아서들 잘 하셔유. 특히 청와대 안에 사시는 분들.
병풍처럼 펼쳐진 암반 위에 정자 하나 짓고 안빈낙도. 현판을 걸었다. 암반이 병풍처럼 펼쳐져 있군. 병암정屛嚴亭. 얘들아 속세에 나가지 마라. 다친다. 소실.
경상북도 관찰사 이유인이 병암을 찾았다. 죽이는군.
"아빠, 이유인이 누구야? 첨 듣는데."
1843년 김해 생. 중인. 명성황후의 천거로 1888년 파주 목사로 정계 진출. 기술자인 중인의 벼락 출세. 당연히 고종의 오른팔. 덕수궁 리모델링 수석 건축가. 1898년 법무 대신. 중인이 법무부 장관에 오른 거다. 1895년 을미사변. 명성황후를 칼로 찔러 죽인다. 일본은 각성하라 홀라 홀라. 당연히 유배 길에 오른다.
1900년 경북 관찰사로 재기. 금당실에 99칸 대궐 건립.
"대감, 왜 이렇게 큰 집을 짓는 건감유?"
"고종 황제 모시려고."
1905년 부보상들로 조직된 공진회에 적극 가담, 친일 단체인 일진회와 붙었다. 당연히 유배 길. 이미 선생은 64세. 세상이 싫다. 병암정 터 사들이고 옥소정 건립. 북향. 매일 고종 황제를 향해 북향 사배. 거대한 암반 위에서 연못을 내려다보며 막걸리를 들이켰다.
"대감, 고종 황제가 하야하셨다는디유."
머라, 곡기를 끊었다. 선비가 떠나는 방법은 달랑 두 가지. 들이대

종묘 정전
국보 제227호. 종묘는 조선 역대 국왕과 그 비妃의 신위神位를 모신 곳. 1395년 건립. 임진왜란 때 소실. 1608년 제1~11실 완공 이래 1726년 제12~15실, 1836년 제16, 17실. 1870년 제18, 19실 증축. 건물 길이 101미터로 한국에서 가장 긴 명품 건축.

명성황후(1851년~1895년)
본관 여흥 민씨. 경기도 여주 생. 9세 때 고아. 서울의 감고당에서 생활. 1866년 조선 제26대 왕 고종과 결혼. 1895년 10월 8일 일본 낭인 궁중 잠입. 황후 시해. 홍릉에 고종과 함께 누워 계심. 사진은 감고당.

예천 권씨 별묘

다가 사약을 받거나 굶어 죽는다.

<u>예천 권씨</u> 종친회 소집. 애들아 이유인 갔단다. 다시 사들여라. 현판을 바꿔 달았다. 병암정. 권원하가 이유인의 대를 잇는다. 직업, 독립운동. 주 업무, 독립운동 자금 마련. 가산 탕진. 23세에 감옥행. 2년 후 출옥. 병암정에서 아그들 가르친다. 애들아 일본 깡패가 국모 죽인 거 알지? 예. 역시 인간은 건축을 만들지만 건축은 인간을 만드는군. 39세에 역시 곡기를 끊는다. 나라도 망해 가고. 1990년 건국훈장 애족장 추서.

2006년 KBS 〈황진이〉 제작팀이 병암정을 찾았다. 머야 이거.

"하루 임대료가 얼만감유?"

"안 빌려 줌."

"전 국민에게 병암정 알려야 됩니다."

"그럼 하루에 3백. 선비도 입에 풀칠은 해야 선비의 기개를 드높일 수 있는 법."

1년 2개월 동안 하지원과 장근석은 병암정에서 사랑을 나눈다. 대박. 그래 병암정은 장안의 화제. 국민 여러분 이곳 병암정은 조선의 위대한 선비 이유인과 권원하 선생이 막걸리 들이키던 곳입니다. 우리도 병암정에서 막걸리 한잔들 하시죠. 내 이 왜놈들을 그냥. 1970년 예천군의 인구는 14만 명. 지금은 달랑 5만. 엄마야 병암정 앞마을로 이사 오자. 싫어유. 음. 맘대로 되는 게 없군.

"아빠, 왜 꼭 연못에 연꽃을 띄우는 거야?"

"연꽃은 속세에 물들지 않는 군자의 꽃이걸랑."

"군자 君子가 먼데."

"학식과 덕행이 높아 높은 관직에 있는 선비."

멜 도착.

꼬르 님의 좋은 글과 사진을 보다가 오전 일과를 거의 못했습니다. 그만큼… 너무 너무 좋아서. 보고 싶고 보고 싶어서. 즐겁게 보았습니다…. 저도 역사 만화 그린다고 답사를 가긴 하지만 꼬르 님 같은 대가한테는 정말 미약한 것 같습니다. 많이 보고 배우고 정말 좋았습니다. 그리고 힘들게 갔다온 곳, 소중한 곳 보여 주셔서 진심으로 감사드립니다….

내가 헛살고 있는 건 아니군. 근디 왜 처자식은 날 미워할까! 거참 알다가도 모르겄네.

난 사람을 버렸다 **사인정**

"딸, 월급 2백 어따 쓸 건가?"
"70은 미술 학원비, 30은 용돈. 음. 어따 쓰지. 70은 적금. 글구 30은 헷갈리네."
"적금은 안 됨. 다 쓸 것."
"나, 돈 모아야 되는데."
"머 하려고?"
"난 돈 없으면 불안해."
"머라. 안 쓴 돈은 전액 환수 조치함. 연극, 오페라 감상 등에 쓸 것. 매달 말일 영수증 제출할 것. 경고. 엄마한테 빌려 주면 환수 조치함."
"생각해 볼게."
"정 쓸데없으면 고아원에 던져. 어차피 니 돈도 아닌데."

마누라한테 전화.

"야, 은행에서 돈 좀 빌려 봐라. 딸과의 약속은 지켜야 되니."

"인세 안 들어왔어요?"

"응. 출판사가 어려운가 봐."

김필. 본관 영광. 1426년 전남 장흥군 장흥읍 송암리 생. 1452년 단종 등극. 사인은 홍문관 부제학 취임.

"아빠, 홍문관이 머 하는 데야?"

"글쟁이들 공부방. 지금의 국립도서관."

"홍문弘文이 먼 뜻인데?"

"글을 널리 알리다."

"부제학은 높아?"

설암각

"응. 정3품의 당상관. 다치기도 쉬운 자리고."
왕이 까불면 일단 사헌부가 들이댄다.
그래도 까불어. 그럼 사간원이 들이댄다.
그래도 까불어. 그럼 홍문관 드러눕는다.
배 째.
1453년 이조참판. 지금의 총리실 차관. 수양대군이 칼을 든다. 계유정난. 좌찬성 김린이 사인을 찾는다. 고향 대선배.
"야, 내려가자."
"그러시죠 머."
당나귀 타고 고향 가는 길. 장흥의 중심을 흐르고 있는 탐진강을 건넜나.

"아빠, 왜 강 이름이 탐진耽津이야?"
"옛날에 이 강으로 탐라국 사람들이 뻔질나게 들락거렸걸랑. 쌀 구하러."
"물이 맑네."
"가난한 동네라."
사인이 설암산雪巖山을 올랐다. 음 좋군.
"야, 내 호가 머더라?"
"눈 내리는 암반인디유."
"호를 바꾸겠다. 사인舍人."
사람을 버림.
"아빠, 그럼 그 사람이 수양대군이야?"
"당근."

신도비

딸과 함께 장흥으로 출발. 내비게이션에 쳤다. 사인정. 어라, 안 나오네. 장흥읍 송암리 359번지 치세유. 초행길. 입간판도 없고. 사인정 식당 지나 2백 미터쯤 가니 우측에 보인다. 썰렁. 다들 스키장 가셨나. 먼저 신도비다.
"아빠, 신도神道가 머야?"
"망자의 길."
"신도비는 아무나 세워도 되는 거야?"
"아니. 2품 이상의 벼슬을 했거나 왕이 인정하는 석학."
"석학碩學이 먼데?"
"학식이 많고 깊은 사람."
"아빠도 나중에 세워 줄까?"
"됐걸랑. 아빤 흔적을 남기지 않음."
중앙에 먼저 풍판을 매단 영정각. 심플. 학문이 높군.

영정각

"아빠, 영정影幀이 머야?"

"제사를 지낼 때 위패 대신 쓰는, 사람의 얼굴을 그린 족자."

"풍판風板은?"

"바람을 막는 널빤지."

　영정각 좌측에 <u>설암각</u>. 정면 4칸. 측면 3칸.

"아빠, 각閣이 머야?"

"크고 높다랗게 지은 집."

"그렇게 안 큰데."

"학문이 높은 선비가 사는 집이란 뜻이야."

"그래서 대통령을 각하閣下라고 하는 거야?"

"응."

"그럼 전殿은 머야?"

"왕이 사는 집."

"근데 왜 왕을 전하殿下라고 하는 거야?"

"가장 권위 있는 건물 아래 있는 사람이니까."
설암각의 대청마루에 앉아 탐진강을 내려다보았다. 죽이는군. 저절로 학문이 높아지는 인문학적인 건축. 영정각 우측에 사인정. 전남 유형문화재 제55호. 온돌방을 가운데 두고 사방에 우물마루를 둘렀다.

암반에 새겨진 제일강산

"우물마루가 머야?"

"세로 방향에 짧은 널을 깔고 가로 방향에 긴 널을 깔아서 우물 정井 자 모양으로 짠 마루."

소나무는 파도를 치고. 1945년 백범 김구 선생이 사인정을 찾았다. 장난이 아니군. 사인정 우측 암반에 썼다. 제일강산第一江山. 대한민국에서 젤 풍광이 좋은 집임.

"아빠, 백범이 먼 뜻이야?"

"미천한 백성."

사인정 우측으로 150미터를 올라갔다.

"아빠, 바위에 머가 새겨져 있네."

"사인 선생이 날이면 날마다 북향사배 하고 왕의 얼굴을 그린 거야."

"그럼 이게 단종 얼굴이야?"

"응."

1470년 이제 간다. 향년 45세. 17년 동안 어진 길을 위해 자비로 후학들 가르치다 간 거다. 그래 나 같은 후학이 이런 글을 쓰는 거고.

"아빠, 은행 지점장이 자살했대."

김구(1876년~1949년)

본관 안동. 호 백범白凡. 1895년 해주에서 동학농민운동 지휘하다가 일본군에게 쫓겨 만주로 피신 이듬해 귀국. 명성황후의 원수를 갚고자 일본군 중위 쓰치다 살해하고 체포, 사형 선고. 1898년 탈옥. 1940년 대한민국 임시정부 주석 취임. 8·15광복으로 귀국. 통일정부 수립을 위해 북한으로 들어가 김일성과 담판. 실패. 1949년 경교장에서 육군 소위 안두희에게 피살. 국민장으로 효창공원에 안장. 1962년 건국훈장 대한민국장. 사진은 경교장

"머라. 왜!"

"2백억 드셨나 봐."

대한민국 가장 여러분 자녀들이 보고 있습니다. 사인정 다녀오시죠. 저도 죽것습니다. 동년배들이 자꾸 사고를 치니.

"아빠, 또 이용재론 올라왔네."

"올려라."

한겨레 기자 이유주현 왈.

그는 《딸과 함께 떠나는 건축여행 3》을 쓰면서 이 세상의 모든 '화영이'들과 함께 여행을 떠나는 기분이라고 말했다. 그는 앞으로도 계속 '화영이'들과 한양 여행을, 세계 여행을 떠날 계획이라고 말했다. 마지막으로 궁금한 점.

"혹, 화영이가 여행을 가고 싶지 않으면 어떻게 합니까?"

"그 경우엔 일단 3만 원을 줍니다."

17세 화영이는 그렇게 차곡차곡 돈을 모아, 지난 여름 혼자서 일본 여행을 다녀왔다고 한다. 맹랑한 아이다. 억울한 건, 내가 17세 때는 이런 책이 나오지 않았다는 것이다. 세상을 살아가는 지도가 책엔 있지 않다는 걸, 결국 책을 통해 확인하게 된다.

바라는 건, 화영이가 당분간은 아빠와의 여행을 계속 했으면 하는 점이다. 여행을 거듭하면서 화영이가 어서 내공을 쌓아 아빠를 제압하는 장면을 보고 싶다.

화영아, 언니의 소원이다. 쑥쑥 자라거라. 마음도 몸도. 그래서 대한민국에서 제대로 먹고 살려면 인문학이 필수과목이란 걸 세상의 부모들에게 보여 다오. 네 아버지의 삐딱한 고집이 옳다는 것을 만천하에 외쳐 다오.

마음과 기운을 맑고 깨끗하게 하겠다 **소쇄원**

"아빠, 《딸과 떠나는 국보 건축 기행》 서평 떴어."
"올려라." 네티즌 왈.
무엇 때문일까? 왜 이 책이 베스트셀러가 되지 않았을까? 의문은 계속된다. 아이를 키우는 부모라면 꼭 한 권은 갖고 있어야 할 필독서란 생각이다. 아니 있어야 한다고 강조하고 싶다.
책을 읽는 동안 웃느라 정신이 없는 와중에 어렵고 지루하게 느껴졌던 역사 이야기들이 딸과의 대화에서 너무 친근하게 다가왔다. 딸은 학교를 쉽게(?) 포기할 수 있었을까? 아빠와 떠나는 기행이 쉽지만은 않았을 텐데….
모든 일을 제쳐 두고 손해를 감수하면서까지 여행을 감행하는 아빠와, 학교라는 울타리를 벗어버리고 아빠를 따라나서는 딸은 사학자 못지않은 지식을 가진 듯하다. 아빠와 딸의 대화가 만들어내는 행복한 모습을 보며 이것이 이 시대에 필요한 가족애이지 싶다. 부러움을 하나 가득 품게 하고 한편으론 가슴 따뜻하게 안아 주는 책이었다. 많은 것을 보여 주려고 노력한 모습이 더욱 감동적이었다. 한편으론 작은 글씨가 아쉬웠지만 그래도 좋다는 느낌을 떨쳐버릴 수 없다. 작가의 블로그를 찾아가 봐야 할 듯….

출판사에 전화. 글씨 좀 키우자 홀라 홀라.

조광조1482년~1519년. 평안도 압록강변 어천찰방이던 아버지의 임지에서 무오사화로 유배 중인 김굉필에게 수학.

"아빠, 찰방察訪이 머야?"

"조선시대 지방 출장 중인 공무원들이 타고 온 말을 관리해 주던 지금의 역장."

"그럼 무오사화戊午士禍는?"

"1498년 무오년에 일어난 조선 4대 사화 중 첫 번째 사화. 훈구파인 유자광 등에게 김일손 등의 신진 사림파들이 화를 입은 사건."

"훈구파 勳舊派는 먼데?"

"나라를 세울 때나 혁명으로 왕이 바뀔 때 공을 세워 벼슬아치가 된 세력. 사림파士林派는 지방에 근거지를 두고 주로 과거 시험을 통해 중앙 정계에 등장한 선비들이고. 조선 6백년사는 이들 두 세력의 밀고 당기는 전쟁으로 참화를 입는 거야."

1510년 진사시 장원으로 통과. 1518년 홍문관弘文館 : 왕의 자문에 응하는 관청의 부제학(종3품)을 거쳐 대사헌(정2품)이 된다. 성균관 유생들을 중심으로 한 사림파의 절대적 지지를 바탕으로 도학정치道學政治 : 덕과 예로 다스림의 실현을 위해 적극적으로 활동.

1517년 양산보1503년~1557년가 조광조의 문하에 들어왔다. 이제 15세

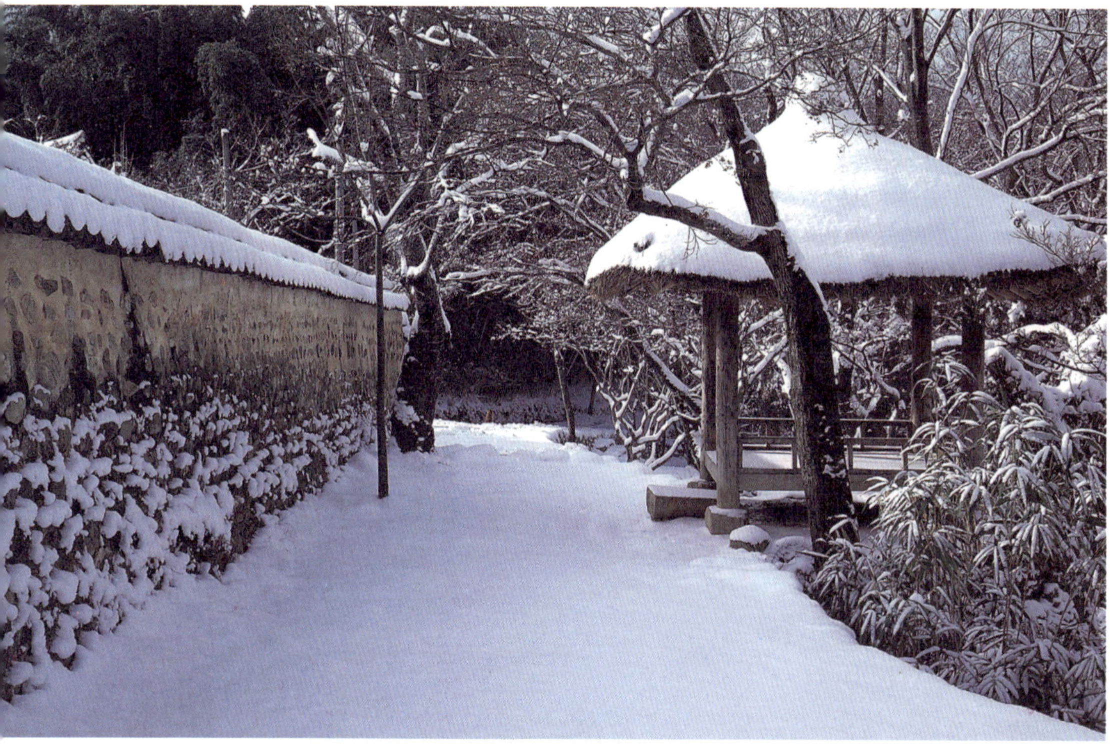

의 담양 명문가 자제. 17세인 1519년 현량과 합격.

"아빠, 현량과賢良科가 뭐야?"

"문장의 수려함과 일부 문벌에 치중된 과거제도 대신 지방에서 120명을 천거해 왕 앞에서 시험을 치르도록 해 28명 합격."

거의 조광조 일파의 신진 사대부들. 훈구파들 열 받았다. 복수전. 기묘사화己卯士禍.

궁중 동산의 나뭇잎에 꿀로 '주초위왕走肖爲王'의 네 글자를 쓴 뒤, 이것을 벌레가 갉아먹어 글자 모양이 나타나자 그 잎을 왕에게 보여 준다.

"전하, 조광조가 왕이 되고 싶다네요."

"머라."

"'走, 肖' 두 글자를 합치면 조趙자가 되기 때문에, 주초위왕은 곧 '조趙 씨가 왕이 된다'는 뜻이옵니다."

조광조는 전남 화순의 능주綾州로 귀양. 제자인 양산보가 모신다. 곧 임금이 보낸 사약 도착. 지구 떠나고. 열 받은 양산보는 고향 담양으로 낙향. 내 다시는 현실에 나가나 봐라. 17세에 처사. 빠르기도 하다.

"아빠, 처사處士가 머야?"

"벼슬을 하지 않고 초야에 묻혀 사는 선비."

담양의 호남가단 거목 면앙정 송순이 내려오셨다.

"아빠, 호남가단湖南歌壇이 머야?"

"조선시대 때 자연을 노래하던 호남 출신 문인들의 모임."

소쇄공 양산보가 송순 선생을 뵙고자 면앙정을 찾았다.

"아빠, 소쇄瀟灑가 먼 뜻이야?"

"마음과 기운을 맑고 깨끗하게 한다."

"면앙정은 송순 선생 호 아니었어?"

"맞아. 시인들이 모이던 정자 이름도 면앙정이야."

"면앙俛仰이 먼 뜻인데?"

"내려다보면 땅이, 우러러보면 하늘이, 그 가운데 정자가 있으니 풍월산천 속에서 한 백 년 살고자 한다."

어라 장성의 거목 김인후, 해남의 거목 임억령도 와 있네.

"요즘 조정은 어떻습니까?"

"난리버거지라네."

"그래, 전 정원 하나 만들고 있습니다."

"부럽다. 정원 이름이 뭐냐?"

"소쇄원."

김인후(1510년~1560년)

본관 울산. 호 하서河西. 시호 문정文正. 1540년 별시문과 합격. 정자에 등용되었다가 사가독서. 부수찬 거쳐 부모 봉양을 위해 옥과현령으로 나갔다. 1545년 을사사화가 일어난 뒤에는 병을 이유로 고향인 장성으로 돌아가 후학 양성에 전념. 51세에 별세. 유언은 이렇다. "내가 죽으면 을사년 이후의 관작일랑 쓰지 말라." 문묘에 배향. 사진은 장성 필암서원.

임억령(1496년~1568년)

본관 선산. 호 석천石川. 1525년 식년문과 합격. 1545년 금산 군수 때 을사사화가 일어나 소윤小尹인 동생 임백령이 대윤大尹의 선배들을 내몰자 자책을 느껴 사직. 고향 해남에 은거. 1552년 7년 만에 동부승지에 등용되어 강원도 관찰사 거쳐 1557년 담양부사 역임. 사진은 담양 성산사(임억령 사당).

대봉대

담양군 남면 지곡리 지석촌. 잘 조성된 주차장에 차를 세우고 소쇄원 올라가는 오솔길에 들어섰다. 비포장 흙 길. 산 모양 생긴 대로 구불구불. 영 인공미에 무관심한 소쇄원.

"아빠, 왜 이 동네 이름이 담양潭陽이야?"

"깊은 연못이 많은 햇볕 잘 드는 동네라서."

"왜 이렇게 대나무가 많은 거야?"

"대나무가 원래 습기가 많은 동네를 좋아하걸랑."

대나무는 줄을 잇고. 관광객 바글바글. 우측에 보이는 사택은 양산보의 15대손 양재영의 주거지. 관람객 접근 불허. 사생활 보호를 위해. 좌측으로는 냇가가 흐른다. 그냥 흐르기도 하고 돌아 흐르기도 하고. 자유자재. 물이 흐르는 대로 건축도 따라 흐르고. 네모

광풍각

진 소당小塘 : 작은 연못에선 잉어가 왔다리갔다리.

먼저 소담한 대봉대다.

"아빠, 대봉대가 머야?"

"좋은 소식을 전해 준다는 봉황새를 기다리는 동대."

"동대桐臺는 먼데?"

"오동나무 그늘에 앉아 귀한 손님을 기다리는 집."

"이 초가 정자는 오래된 거 같지 않은데."

"맞아, 1985년 원래의 터에 새로 만든 거야."

대봉대 지나 담장 따라 난 자연스런 오솔길 따라 징검다리 건너면 광풍각과 제월당. 냇가 위로 담장은 계속되고. 5백 년 전 우리 선조들의 토목 기술. 담장이 떠 있다. 대충 쌓은 듯한 돌기둥 두 개가

전부. 나 원 참. 인간의 손길은 최소화될수록 아트가 나오나니.

"아빠, 왜 건물 이름으로 광풍이나 제월을 쓴 거야?"

"송나라의 시인 황정견이 <u>주돈이</u>를 존경해 쓴 글에서 따온 거야."

정견칭庭堅稱 기인품신고基人品甚高 흉회쇄락胸懷灑落 여광풍제월如光風霽月

정견이 일컫기를 그의 인품이 심히 고명하며 마음결이 시원하고 깨끗함이 마치 비 갠 뒤 해가 뜨며 부는 청량한 바람과도 같고 비 개인 하늘의 상쾌한 달빛과도 같도다.

1536년 소쇄원 10여 년 만에 완공. 이제 갈 때가 됐다. 양산보의 유언은 이렇다.

어느 언덕이나 골짜기를 막론하고 나의 발길이 미치지 않은 곳이 없

황정견(1045년~1105년)

호 산곡山谷. 1066년 진사. 1095년 왕안석의 신법당新法黨 부활. 구법당舊法黨인 그는 신법을 비난했다는 죄목으로 검주에 유배. 1100년에 사면 복직. 1102년 다시 무고로 의주에 유배. 병사. 스승인 소동파와 함께 송나라 시대를 대표하는 고전주의 시인.

주돈이(1017년~1073년)

호 염계濂溪. 지방관으로서 각지에서 공적을 세운 후 만년에는 루산 기슭에 염계서당 짓고 안빈낙도. 도가사상의 영향을 받고 새로운 유교 이론 창시. 세계는 태극—음양—오행—남녀—만물의 순서로 구성된다. 인간만이 가장 우수한 존재이기 때문에, 중정中正. 인의仁義의 도를 지키고 마음을 성실하게 하여 성인聖人이 되어야 한다. 도덕과 윤리를 지켜라.

사진 박영채

김수근(1931년~1986년)
김중업과 함께 한국 현대 건축의 대표 건축가. 함경북도 청진 생. 경기중학교, 경기고등학교 졸. 서울대학교 건축과 재학 중. 일본으로 밀항. 1966년 월간 《공간》 창간 대표작 '공간사옥', '경동교회', '양덕성당', '올림픽 주경기장', '불광동 성당'. 지금 활동하고 있는 대부분의 건축가는 그의 제자. 나도 그렇고. 사진은 '구부여박물관'.

으니 이 동산을 남에게 팔거나 양도하지 말고 어리석은 후손에게 물려주지 말 것이며, 후손 어느 한 사람의 소유가 되지 않도록 하라.

1597년 왜놈들이 이곳 소쇄원까지 쳐들어 왔다. 임진왜란. 왕은 이미 함경북도 의주로 날랐고. 머야! 너무 멋지잖아. 다 불지른다. 1614년 원래의 터에 중건.

"아빠, 너무 어수선한 거 아니야? 정리가 안 돼 보여. 낙엽은 뒹굴고."
"원래 인문학적인 건축은 자연의 피해를 최소화하면서 자연을 완성해야 되걸랑. 대나무와 새, 흐르는 물과 함께하는 거지. 건축이 뭐 별건가."

1986년 대한민국의 거장 건축가 김수근이 암 판정을 받았다. 선생은 병원에서 아등바등하기보다 밖으로 나와 지프차를 탔다. 인명은 재천在天 : 하늘에 달려 있음. 야, 소쇄원 가자. 선생은 한 평 남짓한 광풍각에 앉아 세월을 낚기 시작. 내 이 소쇄원을 넘어서는 건축을 남기지 못하고 가는 것이 한스러울 뿐이다. 소천所天 : 하늘의 부름을 받다.

조광조도, 양산보도, 김수근도 다 갔다. 나도 곧 가야 되고. 건축은 이렇듯 인간의 오고감에 무심하다. 자연과 함께할 뿐.

꿈과 그림자는 물거품과 같다 **식영정**

"아빠, 노 전 대통령 형 구속됐대."
"내 이것들을. 그렇게 방송에 나와 먹은 게 없다고 썰을 풀더니만. 애들이 뭘 배우겠냐. 먹은 게 문제가 아니라, 대통령 친형이 이렇게 거짓말을 해대니. 다음 대선에 아빠가 출마해 이것들 손 좀 봐야것다."
"아빠, 우리 집 친인척이 몇 명이나 되지."
"한 3백 명 될걸."
"아빠, 당선되면 다 구속될 텐데."
"먼저 구속시켜 놓고 임기 시작하면 돼."
"그럼 난."
"넌, 외국 나가 있어. 국내 뉴스 보지 말고."

"알았어."

임억령 1496년~1568년. 해남 생. 호 석천石川 : 냇가의 돌. 1525년 정시 과거 합격. 동생 임백령도 연이어 정시 과거 합격. 가문의 영광. 이 형제는 선산 임씨의 최고 스타. 1545년 형은 금산 군수, 동생은 호조판서. 을사사화가 터진다. 조용할 날이 없군. 그제나 이제나.

중종의 마누라 단경왕후 소생 없이 폐위. 윤임의 누이동생 장경왕후가 제1계비로 들어가 1515년 인종을 낳고 바로 간다. 시끄럽겠군. 윤원로, 윤원형 형제의 누이인 문정왕후가 1534년 명종을 낳는다. 1544년 인종 제12대 왕 등극. 이제 권력은 윤임이 쥐고. 윤원로, 윤원형 파직. 두고 보자. 인종 8개월 만에 간다. 이제 복수전. 윤임과 윤원형은 같은 파평 윤씨. 누가 이겨도 패륜.

"아빠, 패륜悖倫이 머라고 그랬지?"

"인간으로서 마땅히 해야 할 도리에 어그러짐."

집안 싸움이라 윤임을 편들면 대윤, 윤원형을 편들면 소윤. 그래 외척은 정치 현실에 나서면 안 되는 법. 당연히 명종의 외삼촌인 소윤 승. 윤임 사형. 윤임 아들 3명도 사형. 피바다. 대윤은 전부 파직. 임백령은 소윤. 그래 을사사화의 1등 위사공신衛社功臣 : 사직을 지키는 데 큰 공을 세운 신하에 오른다. 미쳤군. 형 임억령은 현실이 싫다. 동생도 꼴 보기 싫고. 지 살겠다고 대선배들을 죽여! 고향으로 내려간다. 이제 임백령은 내 동생 아님.

"아빠, 그럼 임백령 잘나갔어?"

"아니 다음 해 명나라 다녀오다 길거리에서 병사."

"그럼 그렇지."

석천은 후학들을 가르친다. 얘들아 제발 줄 서지 마라. 다친다. 그냥 군자의 길을 가면 된다. 김성원 1525년~1597년이 제자로 들어왔다.

면앙정俛仰亭
전라남도 기념물 제6호. 1533년 송순宋純(1493년~1583년)이 건립. 이황李滉(1501년~1570년)을 비롯한 강호제현들과 학문을 논하며 후학을 길러내던 곳. 봉산면 제월리 제봉산 자락에 있다. 소쇄원에서 20분 거리.

송순(1493년~1583년)
본관 신평. 호 면앙정俛仰亭. 시호 숙정肅定. 신평 송씨의 유일한 청백리. 1519년 별시문과 합격. 1550년 이조참판 때 죄인의 자제를 기용했다는 이기 일파의 탄핵으로 유배. 구파의 사림으로 이황 등 신진사림과 대립. 1569년 대사헌 등을 거쳐 우참찬에 이르러 기로소에 들어갔다가 치사致仕(나이가 많아 벼슬을 사양하고 물러나던 일). 강호가도江湖歌道의 선구자.

"자네 본관이 어딘가?"

"광산이옵니다."

"음 명문가군. 앞으로 자네 호는 서하棲霞다."

"먼 뜻인감유?"

"놀며 산다."

광산 김씨는 대한민국 성씨 중 서열 5위의 명문가. 그래 서하는 스승의 딸과 결혼.

1552년 석천은 다시 동부승지로 재등용. 1557년 담양부사를 끝으로 낙향. 이제 사위가 나선다.

1558년 사마시 합격. 담양군 남면 지곡리에 장인 석천을 위해 정자를 하나 지어야겠군. 1533년 건립한 담양의 명품 면앙정을 찾았다. 면앙정 송순은 스승 석천의 3년 선배.

"면앙정 선상님 정자 도면 하나 빌려 주서유. 베끼게."

"없다. 우리 건축은 도면을 그리지 않는 법."

"왜 도면을 그리지 않남유?"

"자꾸 생각이 바뀌걸랑. 그냥 풍광 좋은 방향으로 기둥 몇 개 세우고 기와 얹어라."

"예, 선상님."

면앙정은 정면 3칸, 측면 2칸. 난 1칸 줄이겠다. 면앙정에 대한 예우. 정면 2칸, 측면 2칸. 단 4칸의 검박한 정자.

"아빠, 검박儉朴이 머라고 했지?"

"단순하고 소박하다. 명심해라. 검박한 디자인으로 갈 것."

"알았어."

가운데 방을 배치한 면앙정과 다르게 해야지. 한쪽 귀퉁이에 방을 두고, 앞면과 옆면에 마루를 깔았다. 끝. 현판을 걸었다. 식영정息影亭.

그림자가 쉬고 있는 정자. 식영정 아래에 자신의 호를 딴 서하당도 건립. 식영정의 건립 경위를 적은 《식영정기》 보자. 석천 왈.
푸른 시내 위 차가운 소나무 아래에 이름 있는 좋은 터를 얻어 작은 정자를 지었는데, 모퉁이마다 기둥을 세우고 가운데는 텅 비었으며 흰 띠로 덮고 대나무 자리로 둘렀으며, 바라보면 그림으로 장식한 배 위에 새가 날개를 펴고 앉아 있는 모양이다. 그대 장자의 말을 들었는가.

서하당

옛날에 그림자를 무서워한 사람이 있었다. 낮에 달려가는데 그림자가 따라오는 것을 보고, 아무리 빨리 달려도 그림자 역시 쉬지 않고 따라오다가 나무 그늘에 이르러서야 문득 보이지 않았다. 본래 그림자는 사람을 따라다니므로 사람이 엎드리면 그림자도 엎드리고, 사람이 쳐다보면 그림자도 쳐다보며, 가면 가고 쉬면 쉬는 것이 오직 물체를 따르므로 그늘에서나 밤에는 없어지고 불빛에서나 낮에는 생기게 되니 사람의 처세도 이와 같은 것이다. 옛 말대로 꿈과 그림자는 물거품과 같은 것이다.

내가 바라는 것은 조물주와 더불어 대지 위에 놀며 그림자마저 없도록 하여 사람이 바라보고 손으로 가리킬 수도 없게 함이니 이름을 식영이라 함은 또한 마땅치 않은가.

김윤제1501년~1572년도 나주 목사를 끝으로 일찍이 벼슬을 버리고 낙향해 식영정 건너편에 환벽당環碧堂 건립. 푸르름으로 에워싸인 집. 조부의 묘가 있는 고향 담양에 내려

환벽당

정철(1536년~1593년)
본관 연일. 호 송강松江. 시호 문청文淸. 1561년 진사시에, 다음해 별시문과에 각각 장원. 1578년 승지에 올랐으나 진도 군수 이수의 뇌물 사건으로 동인의 공격을 받아 사직하고 낙향. 1580년 강원도 관찰사로 등용. 1590년 좌의정. 광해군의 책봉을 건의하다 진주로 유배. 1592년 임진왜란 때 부름을 받아 왕을 의주까지 호종. 다시 동인들의 모함으로 사직 강화의 송정촌에서 안빈낙도하다 58세로 별세.

와 살고 있던, 당시 14세의 정철이 순천에 사는 형을 만나기 위해 길을 가던 도중에 환벽당 앞을 지나게 되었다.
때마침 김윤제가 환벽당에서 낮잠을 자고 있었는데, 꿈에 창계천의 용소龍沼 : 용이 사는 늪에서 용 한 마리가 놀고 있는 것을 보았다. 꿈을 깬 후 용소로 내려가보니 용모가 비범한 소년이 멱을 감고 있다. 김윤제는 소년을 데리고 환벽당에 올라 앉아 물었다.
"자네의 꿈은 뭔가?"
"살아서 도인道人이 되고, 죽어서는 신선神仙이 되는 것이옵니다. 나물 먹고 물 마시고, 팔베개하고 누운."
"고놈 참. 앞으로 자네 호는 송강松江으로 하거라. 강변의 소나무."
그래 송강은 김윤제의 애제자가 된다. 외손녀와 결혼도 시키고. 27

세에 관계에 진출할 때까지 뒷바라지. 11년 선배인 서하도 김윤제의 제자고. 다 모였군. 석천 임억령, 서하 김성원, 송강 정철 1536년~1593년, 제봉 고경명 1533년~1592년은 수시로 식영정에 모여 시를 쓴다. 산다는 건 뭐고, 죽는다는 건 뭐냐. 그래 우린 이 4명의 대 선비들을 일러 '식영정 사선 四仙 : 4명의 신선'이라 부른다.

송강은 식영정에 앉아 '성산별곡 星山別曲'을 노래한다.

"아빠, 이 동네 '지곡리'라고 하지 않았나?"

"지곡리의 옛 이름이 성산이었걸랑."

"별곡은 뭐야?"

"중국의 가곡을 정곡이라 한 데 대해 우리의 가요를 이르던 말."

성산별곡 보자.

어떤 지나가는 나그네가 성산에 머물며

서하당, 식영정의 주인아 내 말을 들어 보소

인간 세상에 좋은 일 많건마는

어찌 한 강산을 갈수록 낫게 여겨

적막 산중에 들어가 안 나오는가

1592년 왜놈들이 쳐들어왔다. 동복현감 김성원은 성모산성으로 피신. 몸으로 어머니를 보호하다 함께 살해당하고, 같은 해 고경명도 왜놈들과 싸우다 전사. 다음 해 정철도 가고. 다 가는군.

"아빠, 왜 선비들이 전쟁에 나가는 거야? 군인들 있잖아."

"경지에 오른 선비는 병법에도 밝걸랑. 자고로 선비는 평시에는 임금에게 들이대다가도 전시에는 전쟁터로 나가 나라를 지켜야 하는 고단한 직업."

1972년 식영정 옆에 《송강집 松江集》의 목판을 보존하기 위해 장서각 건립. 식영정 아래에 연못 조성하고 부용당 芙蓉堂 : 연꽃이 피어나는 집 건

송강집

박통 박정희(1917년~1979년)
별명 박통. 1944년 일본 육군사관학교 졸업. 관동군에 배속되어 중위로 복무. 1946년 조선경비사관학교 제2기로 졸. 1961년 5·16군사정변 주도. 1963년 제5대 대통령 취임. 1969년 3선 개헌. 1978년 제9대 대통령 취임. 5번 연임한 독재자. 1979년 10월 26일 궁정동 만찬석상에서 중앙정보부장 김재규의 저격으로 급서. 사진은 박정희 생가.

립. 입구에 '성산별곡' 시비도 세우고. 연이어 사라진 서하당도 복원. 이제 명승지가 된다.

1976년 식영정 아래에 높이 25미터 길이 505미터의 댐을 막아 광주호를 조성하면서 송강이 서하와 함께 노닐던 자미탄紫薇灘 : 백일홍을 닮은 개울, 조대釣臺 : 낚시바위, 서석대瑞石臺 등은 전부 잠수.

"아빠, 식영정 옆에 저 흉측한 건물은 머야?"

"한국가사문학관."

"또 콘크리트로 한옥 흉내 낸 거 같은데."

"응."

"저 짜가 건축 누가 시작한 거야?"

"박통."

"후유증이 오래가네."

"응."

전남 기념물 제1호.

부용당

한국가사문학관
5천 평의 부지 위에 2000년 완공한 가사문학관. 별 콘텐츠도 없고. 당연히 썰렁. 다시 짓자 훌라 훌라. 돈 먹는 하마.

정자 : 식영정 091

산이 높으면 우러러보지 않을 수 없고, 큰 행실을 그칠 수 없구나

이지당

부의溥儀
중국 청淸의 마지막 황제인 선통제宣統帝. 1908년 3세의 나이에 12대 황제가 되지만 1912년 신해혁명으로 퇴위. 1934년 일본에 의해 만주국의 황제가 되었으나 일본의 패전으로 소련에 체포. 1950년 다시 중국 감옥행. 1959년 사면. 베이징 식물원 정원사로 일하다 감.

오늘은 딸 생일. 생일 선물은 《자금성의 황혼》. 저자는 청나라 마지막 황제 선통제宣統帝 부의溥儀 1906년~1967년의 스승이었던 레지널드 존스턴 1874년~1938년.

"아빠, 나 지금 최인훈의 《광장》 읽느라 머리 뽀개지걸랑."

"완독하면 1만 원 줄게."

"알았어."

조헌 1544년~1592년. 부친 손에 이끌려 우리 시대의 선비 이율곡을 찾았다.

"자네 본관이 어딘가?"

"백천인디유."

"중국에서 귀화했군."

"예."

"딸, 친구를 사귈 땐 세 가지를 먼저 물어 보고 사귀어라."

"먼데?"

"① 본관이 어디냐. ② 부친 직업이 머냐. ③ 스승이 누구냐."

"직업이 은행원이면?"

"불가. 돈 만지는 직업은 안 됨."

"의사면?"

"칼 만지는 직업도 안 됨."

"공무원은?"

"군인과 선생님만 가능."

"그럼 스승이 위대한 선비면?"

"앞의 두 기준 상쇄."

"아빠, 이율곡의 본관은 어디야?"

"덕수."

"이충무공도 덕수 아냐?"

"맞아."

"센 집안이군. 문무를 다 갖춘."

일단 이율곡의 제자가 된다는 건 입신양명의 지름길이기도 하지만 고생길이기도 한 거 아시죠.

"아빠, 입신양명이 머야? 많이 들었는데."

신체발부 수지부모 身體髮膚 受之父母 우리의 몸은 부모로부터 받았다. 불감훼상 효지시야 不敢毀傷 孝之始也 감히 훼상하지 않는 것이 효도의 시작이요.

입신행도 양명어후세 立身行道 揚名於後世 몸을 세워 도를 행하여 후세에 이름을 날려

이현부모 효지종야以顯父母 孝之終也 부모를 드러나게 하는 것이 효도의 마지막이니라.

"또 공자 왈이야?"

"당근."

"그럼 아빠도 할아버지 땜에?"

"당근."

정주 교수로 나갔다. 종 6품.

"아빠, 교수敎授가 먼 뜻이야?"

"가르침을 준다."

"아빠, 교수 하고 싶지?"

"아니. 아빤 제도권에 들어가면 못 견뎌 해. 만날 회의만 하고."

"엄만 아빠 교수 했으면 하던데."

"엄마보고 해라 그래라. 난 광야가 편해. 좀 춥긴 하지만."

근디 우째 이리 떠도 교수 하라는 연락이 없지. 나 원 참. 너무 들이댔나. 우리 시대의 건축가 김개천을 찾았다. 나보다 2년 선배.

"부교수 되셨남유?"

"수년 전에."

"그럼 연봉이 1억쯤 되남유?"

"7천. 세금 제하면 5천 5백."

"그걸로 생활이 되남유?"

"안 됨. 알바로 버팀."

그럼 나도 안 함. 김개천은 자녀가 셋. 난 하나. 다행.

김개천 (1958년~)
중앙대 건축과 석사. 미국 파사데나 아트센터 디자인대학에서 환경디자인 전공. 동국대 선학과에서 불교철학 박사 과정 수료. 현 국민대 조형대학 교수. 저서로 《명묵의 건축》. 대표작으로 '만해마을', '정토사 무량수전', '강하미술관' 등이 있다.

1572년 선조가 절에 향을 하사했다. 나도 극락 가야 될 거 아니냐. 유림들 몰래.

"전하, 조선은 공자의 나라걸랑요. 하교를 거두어 주시옵소서."

"머라. 너 죽을래."

"맘대로 하서유."

스승한테 배운 게 들이대는 거다. 나도 그렇고.

"옷 벗어라."

"저야 고맙죠."

낙향. 정자나 하나 지어야겠다. 이 그지 같은 세상. 고향 마을을 샅샅이 뒤졌다. 옥천군 군북면 이백리. 뗏목을 타고 서화천을 건넜다. 죽이는군, 배산임수의 명당. 충북 22개 곡 가운데 옥천군의 유일한 곡.

"아빠, 곡曲이 머야?"

"잠깐 기다려 봐."

김원 선생에게 물었다.

"도대체 곡이 뭡니까?"

곡은 산과 계곡으로 이루어진다. 산은 우리 조상들에게 이상향이었다. 신라시대부터 화랑들이 심신을 연마하려고 산에 다녔다는 기록을 보아도 그렇고, 불교가 처음 들어올 때 절 안에 산신각을 왜 허용했겠는가를 생각해 봐도 우리 민족의 산 사랑이 얼마나 유별난지 알 수 있다.

더욱이 물은 조상들에게 생명의 근원이었다. 물은 사람을 생각하게 한다. 깊은 산은 사람의 심성을 깊게 하고, 넓은 물은 사람의 심성을 넓게 한다. 상선약수上善若水, '최고의 선善은 물과 같다노자 8장'라고 표현된다. 그들은 살아서 도인道人이 되기를 희구하였고 죽어서는 신선神仙이 되기를 갈망하였다. "나물 먹고 물 마시고 팔베개하고 누운" 유유자적의 상태를 이상으로 생각하였다.

정자 건립. 현판을 걸었다. 각신서당覺新書堂. 새로움을 깨닫는 초등학교. 아그들은 구름처럼 모여들고. 그래 옥천군은 이제 전국 최고의 교육지로 각광받는다. 이율곡의 수제자가 이런 오지에 학교를 차렸으니. 선조한테 전화가 왔다.

"야, 소문은 들었다. 올라와라."

"싫어유."

"중국 보내 줄게."

"금방 갈게유."

조선 선비의 최대 꿈은 중국에 가서 책 사 오는 거. 1574년 질정관으로 중국행.

"아빠, 질정관質正官은 또 머야? 넘 벼슬 이름이 많아 헷갈려."

"풀리지 않는 의문을 대인에게 물어보고 오는 관리."

통진현감으로 갔다. 탄원서가 올라왔다. 당연한 수순. 그래 난 벼슬 안 한다. 조헌이 권력을 남용하걸랑요. 귀가 얇은 선조. 부평으로 귀양 보내라. 괜히 올라왔군. 1582년 보은현감으로 복직. 들락날락하는 게 조선 선비의 고단한 여정. 1586년 공주 제독관提督官. 지금의 공주 교육감.

"아빠, 현직 교육감이 돈 봉투 받다가 걸렸대."

"머라. 서초동에 전화해라."

"왜!"

"무기징역형 내려 달라고 해라."

"전화 안 받는데."

"아님 말고."

우파들이 이율곡을 씹는다. 내 이것들을. 보따리 싸서 각신서당으

로 낙향. 아그들 가르친다. 우리 스승이 틀렸다고라. 두고 보자. 호를 바꾼다. 후율後栗. 율곡을 잇겠다. 건들지 말 것.

기발이승 일도설 氣發理乘一途說

기氣가 발發하고, 이理는 올라탄다 乘

기는 사물을 이루는 재료

승은 사물을 이루게 하는 이치

퇴계는 이理를 강조한 주리론자 主理論者

율곡은 기氣를 강조한 주기론자 主氣論者

"아그들아 어느 게 맞냐?"

"기요."

"조헌이 무단이탈했다는디유."

"길주로 보내라."

사면. 낙향. 이제 진짜 안 나간다. 그게 되나. 1592년 임진왜란. 사재 털어 의병을 모았다. 각신서당 문하 제자 다 모였군. 조선 최초의 스님 의병장 기허당 영규 스님 도착. 가시죠. 청주성 탈환. 금산으로 진군. 이제 간다. 조헌, 영규 스님 전사. 음.

후학 우암 송시열이 각신서당을 찾았다. 장난 아니군. 풍광이 시원한 게. 새도 울고. 얘들아 막걸리 한 사발 사 와라.

고산앙지 경행행지 高山仰止 景行行止

산이 높으면 우러러보지 않을 수 없고, 큰 행실은 그칠 수 없구나. 현판을 바꿔 달았다. 경행행지의 '지'를 따 이지당二止堂.

"아빠, 이거 누구 시야? 장난 아닌데."

"《시전詩傳》에서 인용."

"시전이 먼데?"

"시경을 쉽게 풀이한 책."

"《시경詩經》은?"

"춘추시대의 민요를 모은 가장 오래된 시집."

"또 공자 왈이야?"

"아니. 공자가 이름 없는 백성들이 지은 시를 모은 거야."

1754년 영의정 추증. 문묘 배향.

1901년 쇠락한 이지당을 금金, 이李, 조趙, 안安의 4문중이 중건. 충북 유형문화재 제42호.

영규대사靈圭大師(?~1592년)
본관 밀양 박씨. 호 기허당騎虛堂. 서산대사의 제자. 갑사에서 수도하며 무예를 익혔다. 임진왜란이 일어나자 승병 모집. 의병장 조헌과 함께 청주성 탈환. 금산전투에서 조헌을 비롯한 칠백의사七百義士와 함께 순절. 충남 금산군 금성면 의총리에 유골을 모아 큰 무덤을 만들고 '칠백의총' 조성. 사진은 칠백의총.

송시열(1607년~1689년)
본관 은진. 호 우암尤庵. 시호 문정文正. 1633년 생원시에 장원급제. 병자호란 때 왕 호종 남한산성으로 피란. 1637년 화의가 성립되자 낙향. 1649년 효종이 즉위하자 장령에 등용. 1675년 제1차 복상 문제 때 기년설을 채택하게 한 죄로 덕원으로 유배. 1689년 왕세자가 책봉되자 이를 반대하는 상소를 했다가 제주에 안치. 국문을 받기 위해 서울로 오는 도중 정읍에서 사사. 1694년 신원. 문묘에 배향. 사진은 정읍의 송우암수명유허비.

초간정

오오! 서럽고 슬프도다

금년 초 드디어 올 것이 왔다. 아빠, 나 학교 그만 둘래. 머라 고등학생이 자퇴를. 들어는 봤다. 그럼 난 이렇게 말할 수밖에. 그래라. 니 인생. 속으로는 불안. 하지만 어쩌랴 자녀에게 인문학은 가르치되 유도하지 않기로 했으니. 엄마가 막아 주겠지. 마누라 전화가 왔다. 딸 자퇴하는데 불만 없지유? 머라. 응. 어머니는 드러누우셨다. 머라, 손녀가 중졸이라고나. 자퇴한 딸은 더 바쁘다. 뭘 하는 건지. 단 조건이 있다. 일요일은 인문학 여행 하는 날. 주중엔 니 맘이고.
"딸, 부탁이 하나 있다. 이 세상에서 가장 큰 불효가 머냐?"
"공부 안 하는 건가?"
"아니. 부모보다 먼저 죽는 거."
하도 자살이 유행이니. 딸 놀아라. 단 독서를 게을리해서는 안 된다.

일주일에 한 권씩만 부탁한다. 지금은 뭐 읽고 있냐? 《난장이가 쏘아올린 작은 공난쏘공》. 고맙다. 딸. 난 여자 3명과 산다. 70대의 군인연금 받으시는 어머니. 강한 생명력의 화신. 40대의 와이프는 대기업 인테리어 디자이너. 10대 딸은 쇼핑몰 사업가. 이 여자들이 내 말 듣겠나.

잡지사에서 청탁이 왔다. '좋은 아빠, 나쁜 아빠'에 대해 써 주서유. 좋은 아빠의 자녀는 약골이 되기 쉽고, 나쁜 아빠의 자녀는 강골이 될 가능성이 높다. 사기꾼이 득실득실해야 선비가 그 고난을 이겨내면서 높은 경지에 이르듯이 나쁜 아빠가 득실득실해야 좋은 아빠가 세진다. 기억하라, 나쁜 맨이 없으면 좋은 맨이라는 단어도 성립하지 않음을. 그냥 다 그런 거다. 파도는 또 오고. 경지에 이르면 새로운 경지가 또 나타나고. 그냥 나만 똑바로 가면 된다. 그럼 다 따라오나니. 안 따라와! 그럼 말고.

권문해1534년~1591년. 본관 예천 권씨. 대한민국에 권씨는 달랑 2개. 그 유명한 안동 권씨는 인구 70만 명. 지금도 대한민국을 들었다 놨다 하는 센 집안. 예천 권씨는 달랑 5천 명. 안동 권씨에 눌려 책만 읽는 도사들이 많은 집안. 호 초간草澗. 산골의 풀. 퇴계에 사사. 8년 후배 류성룡과 교유하면서 학문은 일취월장.

"아빠, 일취월장이 머야? 많이 들었는데."

이 못난 소자는 비록 총명하지 않지만

유자소자維予小子 부총경지不聰敬止

날로 달로 나아가 학문이 광명에 이를 것이니

일취월장日就月將 학유집희우광명學有緝熙于光明

맡은 일을 도와 나에게 덕행을 보여 주오

불시자견佛時仔肩 시아현덕행示我顯德行

난장이가 쏘아올린 작은 공

난장이로 상징되는 못 가진 자와 거인으로 상징되는 가진 자 사이의 대립적 세계관을 바탕으로 우리 시대의 불행과 행운, 질곡과 신생의 역설을 고스란히 보여 주는 조세희의 연작소설. 1978년 초판을 발행한 이후, 최인훈의 《광장》과 더불어 100쇄를 넘어섰다. 작가는 왜소하고 병신스런 모습의 '난장이'를 통해 산업시대에 접어든 우리 사회의 허구와 병리를 적나라하게 폭로하면서 사람이 사람답게 살아야 할 꿈과 자유에의 열망을 보여 준다.

1560년 27세에 별시문과 병과 합격. 벼슬이 좌부승지에 올랐다.

"아빠, 좌부승지, 높은 벼슬이야?"

"지금의 대통령 안보보좌관."

후배 류성룡은 이미 장관급인 예조판서. 줄이 없으니. 나 안 해. 사직. 쪽 팔려서. 낙향. 1582년 예천군 용문면 죽림리를 찾았다. 금곡천이 흐르는 냇가 앞 암반 위에 정자 건립. 현판을 걸었다. 초간정사. 이제 49세.

"아빠, 정사精舍는 어떤 집에 붙이는 거야?"

"속세를 떠나 도 닦는 집."

1334년 중국의 음시부가 저술한 백과사전인 《운부군옥韻部群玉》을 백 번 읽었다. 할 일도 없고. 별 거 아니군. 좋다 그럼 세계를 처음부

터 끝까지 모조리 파악하겠다. 관련 서적 172권 통달. 1589년 7년 만에 《대동운부군옥》 발간. 대한민국 최초의 백과사전.
지리, 국호, 성씨, 인명, 효자, 열녀, 수령, 신선, 나무, 꽃, 금수 등 11가지로 분류 설명한 20권짜리 전집. 4년 후배 학봉 김성일이 초간정사를 찾았다.
"형, 이거 머예유?"
"백과사전."
"머라."
애들아 베껴라. 필사본 2권 남기고 원본 들고 한양을 찾았다.
"전하, 백과사전 나왔걸랑요."
"머라. 누가 쓴 거냐?"

김성일(1538년~1593년)

본관 의성. 호 학봉鶴峯. 이황 제자. 1567년 식년문과 합격. 1579년 사헌부장령에 임명되어 시사를 과감하게 비판하고 종실의 비리 탄핵. 대궐의 호랑이라는 별명을 얻었다. 1591년 일본을 다녀온 김성일은 왜군의 침입이 없을 것으로, 황윤길은 있을 것이라고 보고. 임진왜란 발발. 경상도초유사로 참전. 진주성에서 전사. 사진은 안동 학봉 고택.

"초간이라고."

"놔두고 가라. 요새 왜놈들 땜에 머리가 아파서."

8년간 뒷수발을 하던 초간 부인 서거. 얼마나 힘들었으면. 누마루에 올라 앉아 책만 파는 지아비. 생활비도 안 벌어 오고. 그렇다고 책 나온다고 인세를 받는 것도 아니고. 초간은 눈물을 흘리며 제문을 올린다.

오오! 서럽고 슬프다. 사람이 죽고 사는 것은 우주에 밤과 낮이 있음 같고, 사물이 비롯과 마침이 있음과 다를 바 없는데, 이제 그대는 상여에 실려 저승으로 떠나니 그림자도 없는 저승 나는 남아 어찌 살리. 상여 소리 한 가락에 구곡간장 이어서서 길이 슬퍼할 말마저 잊었다오.

단식. 90일장 치르면서 사죄한다. 여보, 역사에 남으려면 어쩔 수 없다오.

"아빠, 장례는 왜 3일장으로 하는 거야?"

"3, 5, 7일이 양의 수인 태양의 수라서."

"어떤 기준으로 3일장, 5일장 하는 거야?"

"상주 맘. 죄 진 게 많은 자녀일수록 장례를 길게 하면서 반성하는 거야."

"조선시대 때는 왜 장례를 그렇게 길게 한 거야?"

"전국에 부음을 알리고 지인들이 찾아오는 데 오래 걸려서. 전화도 없고."

"90일 동안 장례를 치르려면 시신이 부패하지 않을까?"

"부패한 냄새를 맡으며 반성하는 거야."

1591년 초간도 간다. 《대동운부군옥》을 알아주는 이도 없고. 조강지처가 가니 먹는 것도 부실. 향년 58세.

> **광무제光武帝(BC 6년~AD 57년)**
> 전한前漢 고조高祖 유방劉邦의 9세손. 전한은 1세기 초 왕망에게 나라를 빼앗기고 멸망. 왕망은 신新이라는 왕조를 세웠다. 허난의 쿤양에서 왕망의 군대 격파. 25년 후한 초대 황제 즉위. 36년 전국 평정.

"아빠, 조강지처가 머야?"

후한 광무제의 누님이 일찍이 과부가 되었다. 그녀는 송홍에게 시집가는 게 소원. 마침 송홍이 편전에 들어오자 누님을 병풍 뒤에 숨기고 그에게 넌지시 물었다.

"속담에 말하기를 지위가 높아지면 친구를 바꾸고 집이 부유해지면 아내를 바꾼다 하였는데 그럴 수 있을까?"

"신은 가난할 때 친하던 친구를 잊어서는 안 되고, 지게미와 쌀겨를 먹으며 고생한 아내는 집에서 내보내지 않는다고 들었습니다. 신문 臣聞 빈천지교불가망貧賤之交不可忘 조강지처불하당糟糠之妻不下堂."

"음. 나가 보게." 안 되겠군.

다음 해 임진왜란. 머라 조선이 백과사전을 만들었다고라. 우리도 못한. 《대동운부군옥》 소실. 왜놈들 초간정을 찾았다. 이 정자가 권문해 집이냐. 예. 불지른다. 감히. 조센징이 우리의 학문을 넘봐. 예천 권씨 종가는 땅속에 필사본을 묻었다. 두고 보자.

1612년 중건. 1636년 병자호란. 이번엔 중국군 초간정 도착. 권문해 집이 어디냐. 감히 우리에게 도전을 해. 불지른다. 이제 집 지을 돈도 없고.

1790년 7대손이 드디어 판각 작업에 나선다. 우리 민족의 위대함을 전 세계에 알려야지. 돈도 못 벌었는데 이름이라도 남겨야. 1836년 8대손이 46년 만에 677장의 판목 완성. 인쇄기를 돌렸다. 중국 학자들 돌아버렸다. 조선 조심해야지. 이걸 250년 전에 썼다고라. 나 원 참. 책 판 돈으로 1870년 초간정사 중건. 현판을 걸었다. 초간정.

2006년 교수 11명이 8년 동안 번역. 420년 만의 한글본 발간. 교수들 다 입원. 과로. 이걸 혼자서 썼다고라.

"엄마야, 《대동운부군옥》 사 와라."

"예."

"이번엔 20권이다."

"머라고나."

내가 죽어도 50년 동안 딸이 받을 인세 덕인지 이제 마누라는 말이 없다. 속으론 이를 갈겠지만.

"아빠, 앞에 대동은 왜 붙은 거야?"

"중국 동쪽의 위대한 나라 조선이 만든 책이라."

소나무숲 속에 숨어 암반 위에서 냇물 흐르는 소리를 들으며 안빈낙도하니 이런 위대한 저작물이 탄생한 거다. 주변에 예천 권씨 없나. 친하게 지내야지.

경북 문화재 자료 제143호.

난 꽃이나 달에 취하고 싶지 않다   취가정

1592년 임진왜란. 4월 14일 왜병 20만 대군 부산 상륙. 지금 일본 자위대의 총 병력도 20만. 엄청나군. 우린 달랑 2만. 4월 30일 선조는 피란길에 오른다. 목적지는 의주. 종묘의 위패만 간신히 챙겼다. 기구한 내 팔자. 애들아 왜놈들 땜에 못살것다. 왜놈들 없는 곳으로 가자.
"아빠, 왜 일본 사람을 왜놈이라고 불러?"
"일본 애들은 공자가 누군지도 모르는 싸가지 없는 칼잡이들이라."
"그래도 잘살잖아."
"전쟁과 장사만 잘해."
"난 일본 좋던데."
"아님 말고."

평안북도 영변 도착. 선조를 호종하던 광해군은 영 불안.

"아버님, 저는 다시 내려갈래유. 아무래도 좀."

"다칠 텐데."

"백성들한테 넘 미안해서."

"그래! 그럼 넌 내려가 분조를 운영해라."

"아빠, 분조分朝가 머야?"

"전시 광해군의 임시 조정."

"그럼 전시에 광해군이 왕권을 행사했다는 거야?"

"응."

"근데 왜 역사는 광해군을 나쁘게만 묘사하는 거야?"

"그 사람의 약점으로 그의 장점을 버려서는 안 되는 법."

"알았어."

광해군 담양 도착. 담양부사 이경린이 무릎 꿇었다.

"야, 고경명 장군 어디 계시냐?"

"왜놈들 칼에 그만."

"머라. 큰일이군."

"저하, 저희 마을에 호랑이를 맨손으로 때려잡는 괴력의 청년이 있사옵니다."

"머라, 호랑이를. 빨리 들라 하라."

김덕령이 무릎을 꿇었다.

"자네 올해 몇인가?"

"26세이옵니다."

"본관은 어딘가?"

"광산이옵니다."

"음, 명문가 자제군. 스승은?"

고경명(1533년~1592년)
본관 장흥. 1552년 진사. 1558년 식년문과에 장원. 1591년 동래부사로 있다가 서인西人이 제거될 때 파직되어 낙향. 이듬해 임진왜란이 일어나자 6천여 명의 의병을 모아 전주에서 왜놈과 전투. 이어 금산전투에서 관군과 함께 왜군에 맞서 싸우다 전사. 시호 충렬忠烈. 사진은 고경명 선생 비.

성혼(1535년~1598년)
본관 창녕. 호 우계牛溪. 시호 문간文簡. 진사. 생원 양시에 합격하였으나 문과에는 응시하지 않았다. 선조 초년에 학행으로 천거되어 참봉 등을 제수받았으나 출사하지 않고 학문에 전념. 1589년 기축옥사로 서인이 정권을 잡자 이조참판에 등용. 이이 왈. "의리상 분명한 것은 내가 훌륭하지만 실천에 있어서는 우계에 미치지 못한다." 기축옥사로 삭탈관직. 1623년 인조반정 이후 복관. 좌의정에 추증.

유정(1544년~1610년)
본관 풍천. 호 사명당泗溟堂. 1561년 승과 합격. 1592년 임진왜란 때 승병 모집. 이듬해 승군 도총섭이 되어 명나라 군사와 협력, 평양 수복. 도원수 권율과 의령에서 왜군 격파, 당상관의 위계를 받았다. 1604년 국왕의 친서를 휴대하고, 일본으로 건너가 도쿠가와 이에야스를 만나 강화를 맺고 조선인 포로 3,500명을 데리고 귀국. 해인사에서 열반. 사진은 밀양 사명당 생가.

"성혼 선생이옵니다."

"머라. 그 위대한 선비가. 너 오늘부터 형조좌랑 해라."

"광영이옵니다."

전시 중이라 무과 시험도 안 보고 단숨에 정6품. 역시 난세는 영웅을 만드는 법. 빨랑 보내기도 하지만.

"저 거시기 군자금은."

"나중에 줄게. 니가 어디 가까운 은행에서 빌려 봐라."

의병 5천을 이끌고 김덕령은 60킬로그램의 철퇴 양 허리에 차고 출정.

"아빠, 진짜 120킬로의 철퇴를 차고 다녔단 말야?"

"아님 말고."

왜군 줄행랑. 맞으면 나만 손해. 사명당 유정이 스님 2천 명 끌고 도

착. 다들 칼을 하나씩 들고 있다. 왜군들 돌아버렸다. 머라 까까중이. 작전상 후퇴.

"아빠, 스님이 사람 죽여도 돼?"

"불법을 지키기 위한 살상은 봐줘."

김덕령이 부하들을 이끌고 장문포사령부를 찾았다.

"이순신 장군님, 안녕하셨지라우."

"그래 자네가 호랑이의 날개를 달았다는 익호장군翼虎將軍이냐?"

"글쎄, 한 세 마리 잡았더니만."

"장문포지금의 거제도에 쥐새끼들이 몇 마리 있는데 니가 좀 잡아 와라."

"그러죠 머."

대한민국 역사상 최초의 상륙작전 감행. 왜군 전멸. 이제 김덕령의

윤근수(1537년~1616년)

본관 해평. 호 월정月汀. 시호 문정文貞. 1558년 별시문과 합격. 1562년 부수찬으로 재직 시 조광조의 신원을 상소했다가 과천 현감으로 좌천. 1590년 종계변무의 공으로 광국공신 1등 책록. 1591년 정철의 건저 문제에 연루되어 삭탈관직. 임진왜란이 일어나자 예조판서로 왕 호종. 1604년 호종공신 2등에 책록.

이몽학(?~1596년)

왕족의 서얼 출신으로 아버지에게 쫓겨나 전국 유랑. 임진왜란 때 반란 계획. 의병을 모은다는 명목으로 동갑회라는 비밀결사 조직. 부여 무량사로 들어가 전쟁 준비. 1596년 충청도 홍산에서 '이몽학의 난'으로 불리는 반란 일으킴. 홍산, 청양, 대흥 등 차례로 함락. 반란군 중에서 관군에 붙은 자가 많아져 전세 역전. 그의 부하 김경창 등이 이몽학의 목을 베고 항복. 사진은 이몽학이 난을 일으킨 무량사.

권율(1537년~1599년)

본관 안동. 호 만취당晩翠堂. 시호 충장忠莊. 1582년 식년문과 합격. 1592년 임진왜란. 1593년 2,800명의 병력을 이끌고 행주산성 주둔. 3만 명의 왜군 행주산성 공격. 2만 4,000여 명의 왜군 사살. 철군. 임진왜란 7년간 군대를 총지휘한 장군으로 바다의 이순신과 더불어 역사에 남을 전공을 세웠다. 1599년 노환으로 관직 사임하고 낙향. 영의정에 추증.

벼슬은 선전관宣傳官에 오르고. 당상관. 너무 빠른걸. 다칠 텐데. 자고로 고속 승진은 화를 불러오는 법. 슬로우 슬로우. 전라도 총사령관 윤근수의 하인이 주인 빽 믿고 까분다. 때려죽였다. 이제 김덕령 죽었군. 형장에 끌려 왔다. 당시 날아가는 새도 떨어뜨린다던 윤근수를 건드렸으니.

"네 놈이 내 하인을 때려죽였다고라. 나를 능멸하는 것이냐?"

"책상을 한 대 치니까 억 하고 죽었걸랑요."

"머라."

많이 듣던 버전이네. 왕실에서 전화가 왔다.

"예, 저 윤근수이옵니다, 저하."

"풀어 줘라."

"아, 예."

두고 보자. 이제 곧 가겠군. 대신들이 이를 갈고 있으니.

"딸, 혹 아비 믿고 까불고 다니지 마라."

"알았어."

너무 뜨지 말아야지. 뜨면 꼭 옆구리 차는 적도 늘어나는 게 세상살이. 적당히 떠야지. 밥 굶지 않을 정도만.

1596년 부여군 홍산면에서 이몽학이 반란을 일으켰다. 캐치프레이즈는 이렇다. 농민을 못살게 구는 왕실을 엎어버리겠다. 김정일 선조군. 권율 장군한테 전화가 왔다. 김덕령은 이몽학 일당을 소탕하라. 그러죠 머.

토벌군을 끌고 남원시 운봉쯤 왔는데 전화가 왔다. 반란군 섬멸. 이몽학 사살. 음. 잘됐군. 진주로 철군. 단잠에 빠졌다. 만날 전쟁이니. 악심을 품고 있던 윤근수 사령관이 부사령관 신경행을 불렀다.

"야, 좀 엮어라."

"그러죠 머."

권율 장군에게 탄원서를 넣었다. 김덕령이 허락 없이 철군한 걸로 보아 이몽학의 끄나풀임이 확실함. 힘 있는 놈이 엮으면 민초는 다 엮이는 법. 그제나 이제나. 한양 압송. 감옥에서 맞아 죽었다. 이제 29세. 마누라 투신 자살. 열녀. 센 집안. 외아들은 본관을 용안으로 바꾸고 평안남도로 몸을 숨겼다. 나 원 참. 유언은 이렇다.

춘산에 불이 나니 못다 핀 꽃 다 붙는다

저 뫼 저 불은 끌 물이나 있거니와

이 몸에 연기 없는 불은 끌 물 없어 하노라

"딸아 마흔 넘어서 나가라. 세상이 험악하니."

"왜! 마흔 넘으면 괜찮아?"

"세상 보는 눈이 생기걸랑."

"나야 고맙지 머. 40년 동안 먹여 살려 준다니."

1661년 신원伸寃 : 가슴에 맺힌 원한을 풀어 줌. 1678년 광주의 벽진서원에 제향. 의열사義烈祠로 사액. 1788년 의정부 좌참찬에 추증. 왕이 시호를 내렸다. 충장공忠壯公 : 용감하고 충성스러운 장군. 1890년 장군의 후손인 김만식이 장군의 덕을 기리며 무등산 자락 자미탄 개울이 내려다보이는 언덕에 정자 건립. 정자 이름을 멀로 하지. 문헌을 찾아보니 권석주의 꿈에 김덕령 장군이 나타나서서 취시가醉時歌 : 취해서 부르는 노래를 읊으셨구만. 보자.

한잔 하고 부르는 노래

한 곡조 듣는 사람 아무도 없네

나는 꽃이나 달에 취하고 싶지도 않고

나는 공훈을 세우고 싶지도 않아

공훈을 세운다니 그것은

뜬구름 꽃과 달에 취하는 것

또한 뜬구름 한잔하고 부르는 노래

한 곡조 노래 아는 사람 아무도 없네

내 마음 다만 바라기는

긴 칼로 맑은 임금 받들고자

좋다. 그럼 이 정자는 취가정醉歌亭이다. 한국동란 때 소실. 1955년 중건. 딸과 함께 눈 내린 돌계단을 터벅터벅 올랐다. 소나무와 기둥이 구분도 안 되고. 자연이 건축이고 건축이 자연이군.

"아빠, 정자에 원기둥 썼네. 왕궁에서만 쓸 수 있는 거 아냐?"

"대한민국에 들어와 중건한 거라 그래."

"아빠, 냇가 건너편에 식영정 보이는데. 왜 이 정자는 냇가를 안 바라보고 벌판을 바라보는 거야?"

"김덕령 장군의 고향인 무등산 자락 석저촌을 바라보는 거야. 한을 풀어 드리려고. 난 왜 태어나서 죄 없이 맞아 죽어야만 했을까. 업이 있었나."

나도 회한에 잠겼다. 그래 우린 이런 인문학적인 건축에 앉아 가르침을 구하는 거다. 혹 내가 지금 까불고 있지는 않나. 내 자식은. 1975년 광주시 북구 금곡동에 사당 충장사 건립. 번화가 이름도 충장로. 충장동도 있고. 이렇듯 선비는 이름을 남기고 가는 법. 어차피 갈 거. 각자 판단하셔유.

침묵을 금으로 여기는 삶을 살겠다 **취묵당**

금강경金剛經
인도에서 2세기에 성립된 공空사상의 기초가 되는 반야경전. 부처 왈. "한 곳에 집착하여 마음을 내지 말고 항상 머무르지 않는 마음을 일으키고, 모양으로 부처를 보지 말고 진리로써 존경하며, 모든 모습은 모양이 없으며 이렇게 본다면 곧 진리인 여래를 보게 된다."

마누라한테 전화. 보기도 힘드니.
"야, 요새 무슨 책 읽냐?"
"《상사에게 잘 보이는 101가지 방법》."
"머라. 처세술 책을."
"대기업에서 버티려면."
"너, 죽을래. 딸이 보고 있다."
어머님들 자녀들이 보고 있습니다. 최근 《금강경 강의》가 나왔습니다. 한 권씩 들고 다니시죠. 읽지 않더라도 말입니다. 글구 이 책에 처세술도 다 있습니다. 돈 버는 방법도. 잘 쓰는 방법까지.
내비게이션에 취묵당을 쳤다. 어라 안 나오네. 주소 검색.
충청북도 괴산군 괴산읍 능촌리 산4.

괴강을 따라 가다 내비게이션 먹통. 오지. 농부에게 물었다. 이 근처에 취묵당이라고. 차 놓고 걸어가세유. 길도 없고. 난 반바지. 종아리 다 긁히고. 입간판도 없고. 충청북도 문화재 자료 제61호 취묵당을 우습게 보는군. 이게 우리 현실. 난 취묵당에 앉아 넋을 놨다. 자연 속에 들어가 자연을 완성하는 인문학적인 건축.

김치1577년~1625년. 본관 안동. 부친은 부평부사를 지낸 김시회. 진주대첩의 영웅 <u>김시민</u> 장군에게 입양. 왜놈들에게 가족이 몰살당해 대가 끊기게 생긴 거다. 1597년 알성문과 병과로 급제.

"아빠, 알성문과가 머야?"

"왕이 문묘를 참배한 걸 기념해 치르던 임시 과거 시험."

1604년 김득신 출산. 아들이 영 머리가 안 좋다. 우째 이런 일이. 10세에 첨으로 글을 깨치고. 나 원 참. 부친은 경상도 관찰사를 끝으로 낙향. 20세에 음서로 참봉. 9품 말단 공무원.

김득신은 벼슬에 별 관심이 없다. 괴산읍으로 낙향. 집에 틀어박혀 독서. 읽고 또 읽고. 부친이 사마천의 《사기》를 사다 줬다. 중국 3천 년의 역사를 기록한 장대한 전집. 첫째 장 '백이전伯夷傳' 읽기 시작. 먼 뜻인지. 알 수가 없네. 보자.

하늘의 도는 반드시 착한 사람 편이라는 말이 있지만 백이 같은 인물은 왜 그처럼 불행해야 했을까? 공자의 제자 중 가장 뛰어났던 안회는 끼니를 거를 정도로 가난하게 살다가 일찍 죽었다. 이와 반대로 도척 같은 이는 무수한 살인과 악행을 저지르면서도 천수를 누렸다. 이렇게 본다면 과연 하늘의 도의 섭리는 올바른 것일까? 혹시 그것이 잘못된 것은 아닐까?

"아버님, <u>백이 숙제</u>는 왜 굶어 죽었는감유?"

"세 번만 읽어라. 저절로 알게 되나니."

김시민(1554년~1592년)
본관 안동. 1578년 무과에 급제. 임진왜란이 일어나자 진주목사로 부임 혈투. 진주성에서 2만의 왜적과 맞서 싸우다 전사. 시호는 충무. 충북 기념물 제12호. 사진은 괴산 김시민 장군 사당 충민사.

백이 숙제
본래는 은殷나라 고죽국의 왕자. 아버지가 죽은 뒤 서로 후계자 되기를 사양하다 끝내 두 사람 모두 나라를 떠났고 가운데 아들이 왕위를 이었다. 주나라 무왕이 은나라의 주왕을 죽이고 주왕조를 세우자, 두 사람은 주나라 곡식 먹기를 거부하고 수양산에 들어가 고사리를 캐먹고 지내다 굶어죽었다.

한유(768년~824년)
자 퇴지退之. 시호 문공文公. 792년 진사. 이부시랑吏部侍郞까지 지냈다. 산문의 문체개혁을 창도해 송 대 이후 성리학의 선구자에 오른다. 종래의 대구對句를 중심으로 짓는 변문駢文에 반대하고 자유로운 형의 고문古文 중시.

이문열(1948년~)
한국동란 시 아버지 월북. 1968년 대입 검정고시 합격. 서울대 사범대 국어과 진학. 1970년 대학 중퇴. 1977년 대구 매일신문 신춘문예에 단편소설 '나자레를 아십니까?'가 가작 당선. 1978년 《사람의 아들》 발간. 대박. 그의 총 책 판매량은 2천 5백만 권. 대한민국에서 가장 보수적인 우파 논객 등극.

세 번을 읽어도 모르것고. 머리에 물수건 두르고 반복 독서. 《백이전》을 11만 3천 번 읽었다. 음 이제 알겠군. 기네스 기록.

부친은 한유의 《제악어문》을 사다 줬다. 산 넘어 산이군. 1만 4천 번 만에 뜻을 알았다. 좀 빨라졌군.

"아빠는 제일 많이 읽은 책이 무슨 책이야?"

"대학시절 3번 읽은 이문열의 《사람의 아들》."

11만 3천 번이면 하루에 3번 읽어도 11년 걸리는 세월. 머야 이거. 인간이 아니군. 1662년 59세에 증광문과 나라에 큰 경사가 있을 때 치르던 특별 과거 시험 합격. 과거 급제자의 평균 연령은 35세.

"아빠, 이거 기록 아니야?"

"박문규는 83세에 과거 급제 했걸랑."

정자 : 취묵당

조선판 17전 18기. 가족은 뭘 먹고 살았을까? 고단한 인생.

"그럼 83세에 벼슬했단 말이야?"

"아니. 다음 해 떠났어. 과거 급제가 목표였걸랑."

머야 성균관 친구들이 너무 재주만 뽐내잖아. 2년 만에 낙향. 고향 초막에 현판을 걸었다. 취묵당.

"아빠, 취묵당醉默堂이 먼 뜻이야?"

"깨어 있어도 입을 다물고 취해도 입을 다물어야 재앙을 모면할 수 있으니 침묵을 금으로 여기는 삶을 살겠다."

"딸아 혀 끝, 손 끝, 거시기 끝 조심해라. 할부지의 유훈이다."

독수기讀數記 : 반복해서 읽은 책의 명부에 34편의 책 이름을 적었다. 반복 읽기 1만 번 이상의 책들. 그럼 평생을 책만 읽다 간 거다. 다독보다

육경六經
《시경詩經》, 《서경書經》, 《예기禮記》, 《악기樂記》, 《역경易經》, 《춘추春秋》의 6가지 경서. 사람이 항상 좇아야 할 도리를 담은 책. 전부 공자가 다듬어서 엮음.

는 숙독이 유리한 법. 80세에 가선대부의 품계를 받았다. 종2품. 월급 안 나오는 명예직. 갈 때가 됐다. 묘갈명을 직접 쓴다.

재주가 남만 못하다고 스스로 한계 짓지 말라

나보다 어리석고 둔한 사람도 없겠지만

결국에는 이룸이 있었다

모든 것은 힘쓰는 데 달렸을 뿐

친구 집에 놀러 가는데 책 읽는 소리가 들린다.

부학자재적극박夫學者載籍極博

유고신어육예猶考信於六藝

부학자재적극박이라고나. 어디서 많이 들었는데. 하인 왈.

대체로 학자들이 읽는 책은 매우 많으나

오히려 고찰하면 믿을 만한 것은 육경이다

"어라, 니가 그걸 우찌 아냐?"

"나으리가 읽는 걸 듣고 외웠걸랑요. 하도 반복하니."

"음. 갈 때가 됐군."

1684년 간다. 향년 81세. 유언은 이렇다. 독서해라 아그들아.

"아빠, 향년享年은 머야?"

"한평생 살아 누린 나이."

디카 니콘80 새로 장만. 6개월 할부. 이제 카드 돌려 막기는 시작되고. 다시 내비게이션에 주소 치고 달렸다. 150킬로. 어라, 취묵당 어디 갔지? 완전 분해. 보수공사 중. 일하는 사람은 없고. 언제 끝나려나. 다시 와야겠군. 아이고, 휘발유는 떨어져 가고.

주의사항. 괴산군청 문화관광과 043-830-3466 전화 후 방문 요. 2009년 가을은 돼야 볼 수 있을 듯. 사진이 좀 안 좋지만 워낙 중요한 문화재라 소개한다. 보수공사 완료 후 사진 업 하겠음.

정자: 취묵당

암반 위에 꽃비가 내린다

화석정

최치운. 본관 강릉. 19세에 진사시 합격.
"아빠, 왜 공무원 채용시험을 과거科擧라고 하는 거야?"
"시험 종류인 과목科目에 따라 거용擧用: 사람을 뽑했걸랑."
28세에 정시 과거 합격. 벼슬이 공조참판지금의 건교부 차관에 이른다. 고향인 강릉에 오죽헌 건립. 최치운의 아들 최응현이 오죽헌 물려받고. 최응현은 이사온에게 둘째딸을 시집보내면서 오죽헌도 물려준다. 이사온은 외동딸을 신명화에게 시집보내고. 신명화 둘째딸이 신사임당.

사임당의 어머니 이씨는 다섯 딸에게 재산을 물려주면서 둘째딸의 아들 율곡에게는 조상의 제사를 받들라고 서울 수진방지금의 수송동 기와집을 주었고, 넷째딸의 아들 권처균에게는 묘소를 보살피라고 오죽헌을 주었다.

권처균이 별당에 앉아 밖을 내다보니 주변이 온통 까마귀 같은 검은 대나무가 무성. 그래 권처균은 자신의 호를 오죽헌烏竹軒으로 작명하고 이 별당에 오죽헌이라는 현판을 걸었다.

신사임당. 본관 황해도 평산. 조선시대 때 302명의 문과 급제자를 낸 명문가.

"아빠, 이름이 왜 사임당師任堂이야?"

"본명은 인선이야. 조선시대 때는 이름을 귀히 여겨 함부로 부르면 안 되걸랑. 그래 그냥 아녀자는 신씨라고 호칭하는 거야. 사임당은 호고."

"먼 뜻인데?"

"주나라 때 문왕을 임신한 태임太任은 눈으로는 나쁜 것을 보지 않았고, 귀로는 음란한 소리를 듣지 않았고, 입으로는 거만한 소리를 내지 않았걸랑. 기원전에 이미 태교를 한 거야."

신씨는 '태임을 스승으로 모시는 집'이라는 뜻의 사임당을 자신의 호로 삼고 율곡을 임신하고 역시 태교 착수. 출산을 위해 오죽헌을 찾은 신사임당 꿈에 용이 나타났다. 그래 신사임당의 셋째아들 율곡의 이름은 현룡見龍이 되고. 8세에 화석정을 찾았다. 갈매기는 날고. 죽이는군.

임정추이만林亭秋已晚 숲 속 정자에 가을 이미 깊은데
소객의무궁騷客意無窮 시인의 생각은 끝이 없구나
원수연천벽遠水連天碧 멀리 강물은 하늘에 닿아 푸르고
상풍향일홍霜楓向日紅 서리 맞은 단풍은 햇볕에 붉도다
산토고륜월山吐孤輪月 산은 외로운 달을 토해 내고
강함만리풍江含萬里風 강은 만리 바람을 머금는데

태임
주나라 왕계王季의 비妃이며 문왕의 어머니. 상商 나라 사람으로 지국摯國의 둘째 공주로서 임任씨 성을 가짐. 태임의 성품은 바르고 곧으며 참되고 엄격하여 오로지 덕德을 행하였다.

새홍하처거塞鴻何處去 변방 기러기는 어디로 가는지

성단모운중聲斷暮雲中 저녁 구름 속에 소리마저 끊어지네

"아빠, 8세 코흘리개가 이 시를 지었다고라."

"응."

"정말 센 놈 많군."

13세에 진사시 장원. 이후 29세에 정시 과거에 합격할 때까지 9번의 과거 시험에서 연속 장원. 구도장원공九度壯元公 등극. 조선 역사상 전무후무한 기록. 천재.

"아빠, 왜 호가 율곡栗谷이야?"

"본가가 파주시 율곡리였걸랑. 밤나무 가득한 계곡 이름을 호로 삼은 거야."

율곡이 11세 때 아버지가 큰병을 앓던 중 꿈을 꾸었다. 백발노인 왈.
"이 아이는 동국東國:중국의 동쪽에 있는 우리나라의 대유大儒:위대한 선비이니, 이름을 '구슬 옥玉' 변에 '귀 이耳' 자를 붙여 짓도록 하라."
그래 본명은 현룡에서 이珥로 개명. 모친 위독. 마포나루에서 배를 타고 강릉을 향해 출발하지만 이미 모친 별세. 임종도 못하고. 3년 시묘에 들어간다. 1576년 동인과 서인이 붙었다. 율곡은 중립. 야, 좀 그만해라. 지겹군.
"아빠, 국회에서 쇠망치 들고 붙었대."
"애들이 다 배우겠군."
"선비들은 어떻게 싸워?"
"토론."

격몽요결擊蒙要訣

1577년 이이가 학문을 시작하는 이들을 가르치기 위해 편찬한 책. 아버지는 자애롭고, 자식은 효성스러워야 하며, 신하는 충성되고, 부부는 유별해야 하고, 형제간에는 우애가 있고, 어린 자는 나이가 많은 자를 공경해야 하고, 붕우朋友된 자는 신의가 있어야 한다. 친필본인 《이이수필격몽요결》은 보물 제602호.

십만양병설

"이이는 선조에게 군사 10만을 양성하여 완급에 대비하자는 것을 건의하여 만일 그렇게 아니하면 10년을 넘지 못하여 토붕土崩(흙이 무너짐)의 화를 당하리라 하였다. 이때는 임진왜란이 일어나기 10여 년 전의 일이니, 장래를 투시하는 그의 선견의 밝음이 어떠하였던가를 알 수 있다. 그러나 선조는 아무런 반응이 없고. 식견이 높은 류성룡까지도 무사한 때에 군사를 기르는 것은 도리어 화를 기를 뿐이라고 하여 반대하였다." 이병도 왈.

"근데 국회의원들은 왜 망치 들고 싸워?"

"돌대가리들이라."

나 안 해. 율곡 낙향. 임진강 절벽 위에 서 있는 화석정에 올랐다. 이제 불혹. 강물을 바라보며 《격몽요결擊蒙要訣》 집필. 원래 선비는 낙향해야 좋은 글이 나오는 법.

"학문이란 특별한 것이 아니라 인간이 인간답게 살아가기 위해 일상생활을 마땅하게 해나가는 것일 뿐 머 별건가."

건축도 그렇고. 자기 몸을 바로 세우고 사회에 나가라, 아그들아. 처갓집인 해주를 오가며 아그들을 가르친다. 이 4년이 가장 행복했던 시절. 그래 나도 낙향. 술 먹자는 놈도 없고. 다들 돈의 도시 서울에서 바쁘니. 조정에서 임명장이 왔다. 이제 그만 놀고 일해라. 싫어유. 어명이다. 1581년 사간원의 수장인 대사간으로 복귀. 주 업무는 동인과 서인 쌈 말리기. 선조에게 십만양병설 주청. 선조는 마이동풍. 그럼 나 안 함. 1583년 낙향. 화석정에서 막걸리 마시다 이듬해 간다. 유언은 이렇다. 곧 임금님이 지나갈 거다. 정자를 태워 불을 밝혀라.

1592년 임진왜란. 선조는 도성을 나섰다. 율곡 말을 듣는 건데. 임진강을 건너기 위해 율곡리 도착. 날은 어두워 뵈는 게 없고.

"야, 저 암반 위에 반짝이는 불빛이 머냐?"

"화석정花石亭이라는 정자가 불타고 있네유."

"그게 먼 뜻인데?"

"암반 위에 꽃비가 내린다."

임진강은 대낮같이 밝아지고. 강을 건너 의주로 도망가던 선조가 물었다.

"아참, 아까 그 정자 누구 거냐?"

"율곡."

"머라. 죽어서도 날 도와주는군."

율곡 부인 노씨는 피난을 거부하고 선생의 묘를 지키다 순절. 왜놈들의 칼에. 두고 보자. 열녀.

모 여자 탤런트가 헌법소원을 냈다. 나 바람 핀 거 맞지만 남편은 술집에서 아예 살았다. 고로 난 무죄. 판사 기절. 나도. 말 세군.

1673년 증손 이후지가 중건. 한국동란 때 소실. 1966년 중건. 내비게이션에 <u>자운서원</u>을 쳤다. 화석정에서 8킬로. 초행길. 율곡 선상님 죄송합니다. 난 머 하며 산 거지.

"아빠, 자운紫雲이 먼 뜻이야?"

"자줏빛 구름."

"왜 이 동네 이름이 법원이야? 법원이 있나."

"아니. 법원리法儀里와 원기리院基里가 합병하면서 법과 원자를 딴 거야."

1613년 후학들이 자운서원 창건. 1650년 효종으로부터 자운이라는 사액 받고. 1868년 대원군의 서원 철폐령으로 훼철. 1969년 중건. 경기 기념물 제45호.

"어라 주차장이 가득 찼네. 율곡 선생 정말 유명하구나!"

"1986년 율곡연수원이 만들어지면서 선생님들이 교육 받으러 온 거야." 선생님들 부탁합니다. 졸지 말고 열심히 갈고 닦으십시오. 대한민국의 미래가 여러분에게 달렸습니다. 1천 원 내고 들어가니 <u>율곡 선생</u>

위 : 자운서원

아래 : **율곡 선생 신도비**
1631년 건립. 오성 이항복이 짓고, 신익성이 글씨를 썼다. 비의 규모는 높이 2.23미터, 너비 1.09미터, 두께 39센티미터.

위 : 율곡 선생 묘
아래 : 신사임당 합장묘

신도비가 서 있다. 총 몇 방 맞으셨군.
"아빠, 신도비는 아무나 세워도 되는 거야?"
"아니, 종2품 이상 벼슬 지낸 사람만."
서원은 별로군. 서원 뒤의 사당 현판은 문성전.
"아빠, 문성文成이 먼 뜻이야?"
"조선 제16대 왕 인조가 율곡 선생에게 내린 시호. 율곡 선생은 도덕과 사물을 널리 들어 통했고 백성의 안위를 살펴 정사의 근본을 세웠다."
관람객은 달랑 우리 둘. 율곡 선생 묘를 찾아 올라갔다. 자운산 중앙 등성이에는 율곡 선생과 직계 가족의 묘, 양쪽 작은 등성이에는 내외척의 묘.
맨 위쪽에 선생 묘, 뒤에 부인 곡산 노씨 묘. 그 밑에 맏형과 형수의 합장묘, 다시 그 아래에 부친 이원수공과 모친 신사임당 합장묘. 맨 아래쪽에 장남과 며느리의 합장묘. 멀리 임진강이 내려다보이는 명당.
"아빠, 부모님 묘가 가장 위에 있어야 하는 거 아니야?"
"죽어서는 부모 위에 자식, 형 위에 아우, 남편 위에 아내. 자식 이기는 부모가 없걸랑."
"그럼 내가 아빠보다 높은 거야?"
"응."
경기도 유형문화재 제61호.

고택

명문가 옛집에 깃든 소중한 가치를 배우다

김동수 가옥
선병국 가옥
용흥궁
일두 고택

굶주림과 배부름은 운명을 따르면 그만

김동수 가옥

네이버에서 질의서가 왔다. 내가 베스트 블로거가 됐다나 머라나.

1) 딸을 '인문학적 아이'로 키우고 싶어서 시작한 여행이라고 들었다. 이용재가 생각하는 '인문학적 아이'는 어떤 사람인가?

어려운 이웃을 배려하는 아이. 이 세상에서 제일 중요한 재산은 독서임을 아는 아이. 부모에 대한 가장 큰 불효는 자살임을 아는 아이. 돈을 쫓아다니지 않고 덕을 베풀어 돈이 모여들게 하는 아이. 돈을 버는 이유는 좋은 일에 쓰기 위한 것임을 아는 아이. 인문학적 아이는 어떠한 고난과 좌절이 와도 남을 원망하지 않고 불굴의 의지로 헤쳐 나간다.

2) 이용재의 블로그나 저서는 문화재에 대한 구체적인 관심이 생기게 해준다는 점이 탁월하다. 우리가 이런 관심을 이어가려면 개인

적으로나 정책적으로 어떤 노력이 필요할까?

우리 시대의 아빠들이 자녀들의 손을 잡고 문화재에 가서 지난 시절 우리 선현들이 어떻게 대한민국을 만들어 나갔는지를 가르쳐야 함. 선비들의 고뇌. 국가에 손 내밀지 말고 직접 인문학적인 자녀들을 길러 내면 됨. 남을 원망할 필요도 없고. 공 치러 가는 일은 자녀들 독립시키고 해도 늦지 않을 듯. 남 탓이 문제.

위 : 종묘 정전
아래 : 병산서원

3) 역사, 인물, 건축물을 오가는 쉽고 재미있는 이야기에 늘 경탄을 금치 못한다. 그렇게 쉽게 이야기를 풀어내려면 정말 많은 공부를 했을 텐데. 구체적으로 어떤 노력을 하는가?

독서. 49년 동안. 앞으로도. 신문 잡지 열독. 뉴스 시청. 세상 살아가는 모습 지켜봄. TV 프로 시청. ① '인간극장'. ② '다큐멘터리 3일'. ③ '현장르포 동행'. ④ '동물의 왕국'. ⑤ '걸어서 세계 속으로'. ⑥ '역사 스페셜'. ⑦ '천추태후'를 비롯한 사극. 딸에게도 강추함. 어른들 찾아다니며 모르는 건 물어봄.

4) 한국인이라면 반드시 가봐야 할 장소 세 곳을 고른다면?

① 종묘 - 영혼을 부르는 건축. 조선의 성지 종묘가 우째 노인정이 됐는지 보여 주어야 함. 끝도 없이 이어지는 숲 속의 정전은 최고 명품.

② 병산서원 - 둥실둥실 떠다니는 건축. 병산과 낙동강과 구름과 건축이 하나 되어 인간을 찬미하는 명품.

③ 석남사 영산전 - 죽음을 공부하는 건축. 갈 때 잘 가야 됨을 알려 줌. 등산 길보다는 하산 길이 위험한 법.

5) 저서에 한국의 건축가에 대한 짤막한 에피소드들이 있고, 특히 건축가 김원에 대해서는 블로그에 별도 카테고리도 만들어 두었는데. 이용재가 좋아하고, 존경하는 건축가들의 공통점은?

엄청난 독서량. 매년 200권 이상의 독서량 과시. 60대든 70대든. 특

위 : 석남사 영산전
아래 : **김원(1943년~)**
부산 생. 경기 중고등학교 졸. 서울대 건축공학과 졸. 1965년부터 1969년까지 '김수근 건축연구소' 연구원. 1976년 건축환경연구소 '광장' 설립. 1985년 세계의 현대 건축가 101인에 선정(일본, 가지마 출판사). 대표작으로 '황새바위 순교성지', '국립국악원', '미당시문학관'. 저서로 《행복을 그린 건축가》, 《건축은 예술인가》가 있다.

히 인문학 서적 위주의.

6) 시대를 막론하고 모든 사람에게 기억되고, 칭찬받을 만한 건축물은?

바람 잘 통하고, 방 따뜻하고 비 안 새는 집. 삐까뻔쩍한 집은 수명이 짧음. 그래 우린 자연 속에 들어가 자연을 완성하는 인문학적인 건축에 무릎을 꿇는 거다.

7) 《딸과 떠나는 국보 건축 기행》, 《딸과 함께 떠나는 건축여행》을 통해 우리나라의 주요 건축물 대부분을 소개했다. 건축 평론가로서 앞으로의 목표나 계획은? 그리고 앞으로 꼭 연구하고 싶은 주제는?

돈 많이 벌어 고아원 운영할 생각. 연구할 주제. 딸과 함께 세계 건축 기행.

8) 블로그의 가치 중 하나가 '리뷰 공간으로의 역할'이다. 이용재의 책을 읽고 많은 블로거가 남긴 리뷰를 눈여겨보시는 편인가? 혹시 기억에 남는 리뷰가 있다면.

매일 확인. 기억에 남는 리뷰. 어떤 아가씨 왈. 나도 이용재 같은 인문학도를 만나 딸을 낳고 남편이 그 딸과 여행을 다니면 좋겠다. 어디 이 선생 같은 남자 없남유. 이를 본 내 마누라 왈. 그래! 어디 델고 살아 봐라.

9) 블로거들은 자신의 관심사를 글로 남김으로써 감수성 및 정체성을 표출한다. 이용재가 최근 관심을 두는 아이템을 3가지만.

① 자녀 교육 방법. ② 결혼이란. ③ 효도란.

10) 마지막으로 이용재에게 블로그는 무엇인지?

블로그는 고통의 바다. 후학들이 지켜보고 있으니. 쪽 팔릴까 봐 항상 걱정.

김동수의 6대조인 김명관 1755년~1822년이 1784년 건립. 공사 기간 10

년. 지금 226세. 까불고 있어. 김명관의 본관은 광산. 265명의 문과 급제자를 배출한 명문가. 역시. 창하산을 뒤로하고 앞에는 동진강의 상류가 흐르는 전형적인 배산임수의 터.

"아빠, 풍수지리가 도대체 머야?"

"잠깐만 기다려라."

김원 선생에게 전화. 풍수지리가 먼감유. 김원 왈.

풍수에서 가장 중요한 지풍地風, 지기地氣, 지온地溫은 여러 형태로 감지되는 땅의 에너지를 말하는 용어들이다. 그 방법으로 가장 요긴한 것이 산을 읽는 간산법看山法과 방위를 보는 향법向法이다. 건축에서는 그 좌향坐向의 중요성 때문에 풍수에 관심이 없는 사람일지라도 건축물의 향을 따지는 일은 상식처럼 되어 있다. 그래서 지관에게는 패철이 가장 중요한 도구다. 기본적으로 향은 오행과 관련되었으나 건물의 좌향은 한마디로 동서남북 어디를 향해 앉혀지는가를 말함이고 때로는 어느 산봉우리를 향하거나 어느 특정 목표물을 향하기도 한다. 우리 조상들이 남향을 선호한 사실은 기본적으로 건축의 친환경적 생태사상을 보여 준다.

우리 풍수사상에서 가장 독특한 생각은 비보裨補의 과학이다. 풍수는 명당을 찾는 안목이지만 어떤 땅이 명당이 못될 때, 그것이 조금 덜 미치면 조금만 보완하고, 크게 못 미치면 많이 보완하여 좋은 지형으로 만드는 것이 비보의 사상이다.

《산림경제》에는 명당이 아닌 곳에 나무를 심어서 명당을 만드는 비보의 방법이 실려 있다. 만일 배산임수背山臨水의 집터를 찾지 못하면 "동쪽에 버드나무와 복숭아를 심고, 남쪽에 대추와 매화를 심고, 서쪽에 치자나무와 느릅나무를 심고, 북쪽에 살구나무와 벚나무를 심으면 명당이 된다"라고 했다. 이것은 자연을 사람과 일체 교감하는 하나의 생명체로 보고 함께 살아가려는 생태사상의 발로다. 친환경과 건강한 삶은 우리 건축의 목적이 아니라 존재 의미였다.

"아빠, 패철佩鐵이 머야?"

"집터를 정할 때 지관地官이 사용하던 나침반."

"《산림경제》는 먼 책이야?"

"홍만선1643년~1715년이 농업에 관련된 사항을 기술한 백과사전."

솟을대문을 들어서면 좁은 마당이 나오고 중문을 거치면 바깥 행랑채. 다시 바깥 행랑채의 솟을대문을 들어서면 아담한 사랑채. 미로. 마당이 마당을 만들고. 건축이 마당이군. 비워진 마당을 만들려고 집을 앉히는 거군.

안 행랑채의 안 대문 들어서면 6칸 대청을 중심으로 좌우대칭으로

방이 배치되고. 안채에 날개를 달았군. 어라 안 사랑채 또 있네. 아들 공부방이군. 대한민국에서 손가락에 꼽히는 명품.

"아빠, 서양 건축과 우리 건축은 머가 달라?"

"머라, 잠시 대기."

다시 전화. 모를 땐 물어가는 게. 김원 왈.

우리 건축에서 느끼는 감동이란 서양 건축의 그것과는 근본적으로 다르다. 그것은 건축적 감동이 아니라 인간적인 내면의 감동인 것이다. 장혼은 이렇게 말했다.

미불자미 美不自美 인인이창 因人而彰

아름다움은 스스로 아름다운 것이 아니라 사람으로 인하여 빛이 난다.

"사람은 건축을 만들고 그 건축이 사람을 만든다"라는 말이 존재한다면 그것은 건축가를 말함이 아니고 그 건축 속에서 건축을 만든 훌륭한 사용자의 창조적 사용을 말하는 것일 터이다.

"아빠, 장혼이 누구야? 첨 듣는데."

장혼1759년~1828년. 중인 출신의 학자, 위항시인委巷詩人. 호는 이이엄. 정조의 감인소監印所 : 책 교정 보던 관청에서 서적 편찬에 종사. 인왕산 옥류동현 옥인동에 '이이엄'이라는 집을 짓고, 천수경 등과 함께 송석원시사松石園詩社의 핵심 멤버로 활동.

"아빠, 중인中人이 머야? 중간 계층의 사람들인가?"

"맞아. 양반과 백성 사이의 전문 직업 집단. 통역사, 한의사, 음악가."

"위항시인은?"

"중인 출신의 문인들."

"이이엄은 먼 뜻이야?"

"당나라 시인 한퇴지 왈, 파옥삼간이이破屋三間而已. 허물어진 집 3칸이면 그만."

"그럼 그만이란 거야?"

"응."

"송석원은 머야?"

"돌과 소나무로 가득한 정원."

이이엄이 갈 때가 됐다. 유언은 이렇다.

청지명이이聽之命而已. 굶주림과 배부름, 추위와 더위, 죽음과 삶, 재앙과 복은 운명을 따르면 그만이다.

세군.

"그래서 아빠도 대전의 13평에서 사는 거야?"

"응. 보고 배운 게 도둑질이라."

"좀 더 큰 집으로 가지."

"됐걸랑. 가난을 즐겨야 좋은 글이 나오는 법."

"아빠, 나 이번엔 로마 갔다 올게!"

"머라."

정읍에 한번 다녀오시죠. 죽입니다.

중요 민속 자료 제26호.

고택 : 김동수 가옥   151

선을 행하는 것이 최고의 즐거움이다

선병국 가옥

"아빠, 《딸과 떠나는 국보 건축 기행》 서평 올라왔어."
"올려라." 네티즌 왈.
이 책의 작가는 건축 평론가라는 특이한 전공 외에 조직과 규범에 얽매이지 않고, 자신이 원하는 것을 하기 위해 평범한 삶을 포기한 분이다. 우리의 역사와 문화에 대한 해박한 지식으로 국보급 문화재 가운데 건축물에 대한 기행을 딸과 함께하는 자상한 설명으로 우리에게 전해 주고 있다.

우리나라에 20개의 국립공원이 존재하고, 건축물로는 국보가 서울에 경복궁, 창경궁, 창덕궁, 종묘, 숭례문 등 6개, 경기도에 없고, 강원도에 강릉 객사문 1개, 충청도에 수덕사, 법주사 2개, 전라도에 금산사, 무위사, 화엄사, 진남관, 도갑사, 송광사 6개, 경상도에 세병관, 통도사, 해인사, 부석사, 거조암, 봉정사 6개. 합해서 총 21개가 있다는 사실.

이중에서 서울에서 자란 내가 자의반 타의반으로 가본 곳을 꼽자면 지금은 기억도 잘 나지 않는 경복궁, 창경궁, 창덕궁, 숭례문 4곳이고, 지방에서는 수덕사, 화엄사 2곳 정도를 다녀온 것 같다. 총 21곳 중 6곳이네. 이 6곳도 언제 가봤는지, 어떤 문화재가 있었고, 어떠한 구조와 역사를 간직한 곳이었는지 기억나는 것은 수덕사 1곳 뿐이네. 쯧쯧.

부석사 무량수전

《딸과 떠나는 국보 건축 기행》을 읽으면서 그동안 문화재를 찾아보지 못한 나 스스로에 대해 안타까운 마음이 든다. 서울에 있는 왕궁의 경우, 언제든지 찾아볼 수 있었음에도 유흥지나 행락지만 찾아다녔던 아쉬움, 지방에 있는 건축물의 경우, 힘겹게 근처까지 갔음에도 불구하고 약간의 게으름과 시간 제약, 문화재에 대한 몰지각으로 그만 문턱에서 돌아왔던 일에 대한 후회다. 세병관, 송광사, 부석사는 최근에 그 부근까지 갔던 터라 안타까움이 더하다. 부석사는 불과 한 달 전에 풍기까지 갔음에도 '인삼 축제'라는 유혹에 빠져 돌아보지 못했다. '인삼 축제'가 말로는 전국적으로 유명한 지방 축제지만 장사꾼들의 세치 혀와 장삿속에 정작 좋은 인삼도 없고, 지역 정서도 없고, 오직 상술과 돈만이 오가는 곳이었는데 괜히 힘들게 들러서 상술에 놀아나고, 가까운 부석사 무량수전은 보지도 못하고 왔던 것이다. 나 바보인가 봐. 나중에 우리 쌍둥이들한테 뭐라고 할까나? "너희들은 절대 인삼 축제 가서 돈 버리고, 몸 상하지 말고, 부석사에 가서 가슴에 넉넉한 자산을 담고 오너라"라고 얘기해 줄 수 있을지….

건축물 중 임진왜란과 일제 강점기를 지나면서 수난을 겪지 않은

임진왜란
1592년 4월 13일 왜군 700여 병선이 쓰시마 출항. 부산포 상륙. 왜군 선발대 1만 8천 명 부산성 공격. 함락. 일본 침략군의 총병력은 20만 명. 선조 의주로 피란. 20일 만에 서울 점령. 60일 만에 평양 점령. 명나라 군대 4만 5천 명 파병. 서울 수복. 이순신 장군 해상권 장악. 1596년 강화회담 결렬. 14만 명 재차 쳐들어온다. 정유재란. 1598년 도요토미가 죽자 왜군 총퇴각. 사진은 이순신 고택.

수덕사 대웅전

것이 없고, 어떠한 것은 세네 번씩이나 중건을 하게 되는 운명이었다. 일본인들 예뻐할 거리를 만들래야 만들 수가 없게 만든다. 으이그 화난다.

작가는 수덕사의 수수한 대웅전이 왜 국보로 지정되었는지, 배흘림기둥이 무슨 뜻인지 정도의 내용을 제외한 여타의 건축학적 지식을 풀어내지 않는다. 문화재 탄생에 얽힌 역사적 배경과 불교 문화에 대한 설명이 많아 좀 더 건축학적 관점에서의 접근과 설명을 들을 수가 없는 것이 아쉽다. 아마 작가는 건축학적 접근보다는 딸과 함께 가서 들려줄 수 있는 이야기 방식으로 이 책을 쓴 듯하다. 이 책을 읽는 사람들이 직접 가서 보고 느낄 수 있도록 전문가적인 어려운 설명은 자제한 듯.

국보 1호가 전소되면서 소중한 우리의 문화재들을 새롭게 되돌아보게 되었다. 이제는 국가와 불교인들만이 아니라 국민 하나하나가 관심을 가지고 사랑해야 한다는 생각이 든다. 그리 되지 않는다면 버스 창문 밖에 수만 년 서 있을 것만 같았던 숭례문처럼 나머지 문화재들도 한순간에 우리 곁을 떠날지 모른다. 우리 아이들을 데리고 지방 축제와 해외 여행만 갈 것이 아니라 우리 문화 기행을 떠나야겠다. 가서, 아빠랑 같이 배우자.

감사합니다.

보성 선씨. 단일 본. 시조 선윤지는 원래 명나라 문연각 학사로 1382년 사신으로 고려에 왔다가 귀화. 전라도 안렴사 按廉使 : 지금의 도지사 부임.

"아빠, 문연각 文淵閣이 머 하는 데야?"

"지금의 국립도서관."

고려는 지방을 5도로 분리해 통치. 5도 보자.

고택 : 신병국 가옥

① 양광도(지금의 충청도) ② 경상도 ③ 전라도 ④ 서해도(지금의 황해도) ⑤ 교주도(지금의 강원도)

조선 건국 후 보성으로 은퇴. 그래 본관은 보성이 되고. 가문을 빛낸 '선씨 5충신' 보자.

① 선형. 1467년 이시애의 난 평정하고 적개공신에 오르고. 병조판서, 형조판서 역임.

② 선거이. 선조 때 임진왜란에서 왜군 대파, 정유재란 때 울산 전투에서 장렬하게 전사.

③ 선약해. 병자호란 때 전공을 세우고 경상좌도 수군절도사 역임.

④ 선세강. 병자호란 때 안동영장安東營將 : 안동 군사령관으로 광주에서 호군과 격전 끝에 전사.

선윤지와 더불어 이들 5충신은 보성의 오충사五忠祠에 배향.

"아빠, 적개공신敵愾功臣이 머야?"

"적을 분연히 쳐부수는 데 큰 공을 세운 신하."

보성 선씨 참의공파 선정훈1888년~1963년은 호남 제일의 만석꾼. 돈은 됐고. 어라 큰 인물이 안 나오네. 당대 제일의 풍수지리 고수를 찾았다.

"지관 선생, 우째 집안에 큰 인물이 안 나오는감유?"

"터가 안 좋네요."

"머라, 가자."

"아빠, 지관地官은 머야?"

"풍수설에 따라 집터나 묏자리의 좋고 나쁨을 가려내는 사람."

전국 유랑. 속리산 아래 도착. 어라 연꽃이 물에 뜬 형상인 연화정수형蓮花淨水形이네. 인물 많이 나오겠군. 1만 평 사들였다. 당대의 목수 구하러 한양 도착. 조선의 목수들은 선공감 소속 1백 명이 최

이시애
길주 생. 조선 초 북방민 회유정책으로 중용되어 1451년 호군護軍이 되고 판회령判會寧부사 역임. 세조의 홀대에 1467년 절도사 강효문을 살해한 뒤 반란. 관군의 공격을 받아 북청에서 대패. 조정에서 밀파된 허유례의 계교로 부하인 이주에 의해 체포되어 참형.

오충사
보성 선씨寶城宣氏의 문중사당. 조선시대 나라를 위해 충성을 다했던 보성 선씨의 시조인 선윤지宣允祉와 더불어 형炯, 거이居怡, 세강世綱, 약해若海 등 5명의 조상을 '선씨 오충신宣氏五忠臣'이라 하여 배향하고 있는 곳.

고의 실력자들. 지금의 신문로 구세군 회관 건너편 선공감을 찾았다.
"아빠, 그럼 목수가 공무원이었어?"
"그럼. 정 3품에 오른 목수도 있었어."
 나라는 망해 가고. 도편수 1명을 꼬셨다.
"야, 너 이제 잘릴걸. 보은 가자. 지금 월급의 더블 줄게."
"감사합니다. 대감."
 속리산을 뒤져 적송을 찾았다. 나라가 망해 가는 관계로 베는 사람이 임자. 메고 이고 현장으로 갖고 내려와 천막을 쳤다. 1년 6개월간 그늘 아래서 건조. 다 터지고 갈라질 때까지 기다린다. 인고의 세월. 1925년 완공. 그럼 공사 기간만 23년. 장난이 아니군.
 짓다 보니 제한 칸 수인 99칸. 머라 우리 애들을 왜놈들이 가르친

다고라. 직접 가르치겠다. 1926년 서당인 35칸의 관선정觀善亭 : 선함을 관조하는 집 건립. 이제 134칸. 동네 아그들도 무료로 가르치고. 빨리 자라 나라를 일으키거라.

머라 한글만 가르쳐! 1944년 왜놈들이 강제 철거. 그나마 깊은 계곡의 서당이라 오래간 거다.

우리 시대의 한학자 임창순은 1927년부터 6년간 이 관선정에서 성리학자 홍치유에 사사. 1974년 경기도 남양주시 수동면에 한문 서당인 지곡정사 설립. 관선정의 대를 잇는다. 선생의 유언은 이렇다.

매일생한불매향梅一生寒不賣香

매화는 일생을 추위 속에 살아도 향기를 팔지 않는다.

역시 세군.

임창순(1914년~1999년)
호 청명靑溟. 1946년 대구사범학교 전임강사. 1954년 성균관대학교 사학과 교수. 4·19혁명이 일어나자 대학 교수단 시위 참여. 1962년 해직. 1964년 인민혁명당 사건으로 구속. 1963년 서울 종로구에 태동고전연구소 설립. 1974년 경기도 남양주시 수동면에 지곡정사 건립. 1979년 태동고전연구소 이전. 총 5천여 명 수강. 40여 명의 대학교수 배출. 1976년 보관문화훈장.

법주사 팔상전
국보 제55호. 우리나라 유일의 목조 5층탑. 높이 22.7미터. 정유재란 당시 불에 타 없어진 후 1626년 중건. 벽의 사방에 각 면 2개씩 모두 8개의 변상도變相圖가 그려져 있어 팔상전이란 이름이 붙었다.

선병우 고가
• 선병국 가옥과 마주보고 있는 동생 집도 1940년대에 건립된 명품. 충청북도 문화재 자료 제5호. 지금은 한정식 집으로 성업 중. 선비도 먹고 살아야 하니. 인근의 선병묵 고가 역시 충북 문화재 자료 제4호. 꼭 들러 보시길. 센 동네.

"아빠, 지곡정사芝谷精舍는 머야?"

"깊은 골짜기에서 버섯이나 기르면서 도 닦는 집."

딸과 함께 법주사 들렀다가 선병국 가옥을 찾았다. 1984년 중요 민속 자료 134호로 지정될 때 20대손인 선병국이 살고 있어서 선병국 가옥으로 불리고 있지만 지금은 21대손인 선민혁이 주인. 입이 쫙 벌어지는 장대함. 있는 것도 없고, 없는 것도 없는.

마당에 장독대 즐비. 21대 종부 김종옥은 2006년 '대한민국 명품 로하스 식품전'에 덧간장햇간장 만들 때 넣는 묵은 간장 1리터 전시. 5백만 원에 팔렸다. 간장 한 병에 5백만 원이라고나. 350년 된 간장이라. 4천 평의 이 집은 주택이라기보다 하나의 마을 규모.

먼저 H형태의 사랑채. 밀려드는 탐방객들에게 차라도 한잔 대접하려고 1998년 찻집을 열었다. 찻집 이름은 '도솔천'. 미륵불이 살고 계신 극락. 여기 절이야 주택이야. 헷갈리는군. 기단은 다듬은 화강석. 어라 원형기둥까지. 개인 주택에 사용할 수 없는. 아 참. 나라가 망했지. 5천 원짜리 대추차를 시켰다. 시원. 사방에서 바람이 들락날락 허니. 서빙은 주인 마나님. 영광. 저기 인터넷 보니까 무량수각이라는 현판이 여기 걸려 있었던 거 같은데. 도둑이 훔쳐 갔어요. 머라. 완당의 모조 현판이라 그나마 다행.

"아빠, 무량수각無量壽閣이 머야?"

"영원히 사시는 아미타불의 집."

제2영역인 안채로 들어갔다. 몰래. 역시 H형 평면의 우람한 전각. 현판은 이렇다. 위선최락爲善最樂. 선을 행하는 것이 최고의 즐거움이다. 딸 외워라.

1백 미터는 됨직한 기다란 행랑채는 1995년

고시촌으로 변신. 이곳을 다녀간 고시생만 4천 명. 종부는 매일 30여 명의 고시생들에게 유기농 식사 제공. 전국 최고의 합격률을 자랑한다는 소문. 관선정이 다시 살아난 거다.

"아빠, 요새는 고시 합격해도 취직 안 된대."
"그러니 넌 남들 안 하는 거 해라."
"그게 먼데."
"독서 열심히 하다 보면 나올 거야."
"알았어."
"이번 주 책은 <u>최인훈</u>의 《광장》이다."
"다 읽으면 1만 원 줄 거지?"
"당근."

뒷마당에 제3영역인 사당. 선조를 모시면서 미래를 대비하는 센 집안. 보은군은 최근 62억 원을 투자, 선병국 가옥 인근에 대추테마공원 조성에 들어갔다. 선병국 가옥 덕에 보은군 좀 떠보자 뭐 이런 거다.

효자정각
선병국 선친의 효성을 기리는 효자정각. 왕명으로만 세울 수 있는 효자정각은 가문의 영광. 딸아 알았지.

최인훈(1936년~)
함경북도 회령 생. 원산고등학교에 다니던 중 6·25전쟁이 일어나자 가족과 함께 월남. 1개월간의 부산 피난민수용소 생활을 거쳐 목포에 정착. 서울대학교 법과대학 중퇴. 1959년 안수길의 추천으로 등단. 1960년 《새벽》 11월호에 '광장' 발표. 남북한의 이데올로기를 동시에 비판한 최초의 소설. 노벨문학상 0순위 소설가.

고택 : 선병국 가옥

우린 배고파야 문화를 챙긴다 용흥궁

1749년 영조는 장현세자에게 자결을 명한다. 싫어 아빠. 나 무서워. 뒤주 속에 가둬 굶겨 죽인다. 뒤주가 쌀 담아두는 쌀통인 건 아시죠. 난 여태껏 영조가 조선 27명의 왕 중 바른 맨인 줄 알았다. 영정조라고. 만날 그렇게 배웠다. 아니 지나 죽지. 그럼 내 딸을 쌀독에 가둬 내가 죽인 거 아닌가. 그럼, 나 아빠 맞아.

죽고 나니 세자가 그립다나 뭐라나. 나 원 참. 그래 장현세자는 사도세자思悼世子가 되고. 이제 비극의 시작에 불과. 대한민국 역사상 이렇게 비통한 집안은 없다. 사도세자의 큰아들은 일찍 죽고 둘째가 왕위에 오른다. 정조다. 정조의 아버지 사도세자의 죽음을 방조한 인간들이 역모를 꾸민다.

죽기 아니면 살기. 정조의 막내동생 은전군을 내세운다. 쿠데타. 어

고택 : 용흥궁 165

린 은전군은 역모가 있는지도 몰랐다. 정조는 막내동생에게 자결을 명하고 아예 역모의 가능성을 차단하고자 두 동생 은언군과 은신군은 제주도로 유배 보낸다. 이때 은전군의 나이 열아홉. 은신군은 1801년 제주도에서 시름시름 앓다 지구 떠나고. 뭐 먹을 게 있어야지. 약도 없고.

정조도 가고 이어 등극한 <u>순조</u>는 불쌍한 은언군을 한양으로 불러들여 경행방에서 살게 한다. 지금의 종로구 낙원동. 또 역모. 파도는 계속 치고. 은언군 큰아들을 앞세운 쿠데타. 사약 먹고 지구 떠난다. 가만두질 않는군. 또 역모.

은언군 막내 전계군도 정치적 소용돌이에 휘말린다. 안동 김씨, 풍산 조씨 니네 좀 고마해라. 나라가 결딴나게 생겼다. 1844년 전계군의

순조純祖(1790년~1834년)
이름 공玜. 정조의 후궁인 수빈 박씨에게서 부왕의 2남으로 태어났으나 1남 문효세자가 일찍 죽어 1800년 11세의 나이로 즉위. 영조비 정순왕후 수렴청정. 1803년 친정. 세도정치勢道政治 등살에 평생 고생. 능은 경기도 광주의 인릉仁陵. 사진은 순조의 모친인 수빈 박씨의 사당 경우궁.

정원용(1783년~1873년)
본관 동래. 호 경산經山. 시호 문충文忠. 1802년 식년문과 합격. 1837년 예조판서. 이조판서를 거쳐 1841년 우의정. 이듬해 좌의정. 1849년 헌종이 승하하자 영의정으로서 강화에 사는 덕완군 원범의 옹립 주장. 철종 즉위. 1863년 철종이 승하하자 원상이 되어 고종이 즉위할 때까지 정사를 맡아 보았다.

큰아들 회평군을 왕으로 추대하려는 역모. 회평군 옥사. 전계군은 마누라 염씨와 남은 두 아들 영평군과 덕완군 데리고 강화도 유배. 씨가 마르게 생겼군. 이때 덕완군의 나이 14세. 용담 염씨인 어머니의 고향이 강화도인 게 유일한 위안거리. 연이어 독실한 천주교도였던 어머니 염씨 사형. 다 간다. 우찌 이리 모질단 말인가. 정치 탄압에 종교 탄압까지. 덕완군은 나무 지게꾼이 되어 초가집에서 연명. 나 이제 현실에 안 나감.

1849년 헌종이 아들 없이 지구 떠나니 세도가 안동 김씨 세력은 어리바리한 왕을 찾아 나선다. 왜냐고. 그래야 지네가 계속 조선을 좌지우지하니까. 순종, 헌종, 철종에 이르는 60년 동안 안동 김씨는 19명의 영의정 배출. 그래 1849년 영의정 정원용은 김포나루에서 배에 오른다.

정원용. 조선시대 초기에 황희 정승이 있었다면 후기에는 정원용 정승이 있었나니. 66세의 노구를 이끌고 차기 대권주자를 모시러 먼 길을 떠난다. 지금이야 국무총리 전용차 타고 한 시간이면 갈 거리지만 당시로서는 사흘 내내 가야 도착할까 말까 한 먼 거리. 게다가 강화도 앞바다 파고가 높을라치면 얼마나 더 걸릴지 알 수 없는 오지. 덕완군은 한양에서 또 자기를 죽이러 온 줄 알고 산으로 숨어들어 사흘을 버틴다.

마마는 조선 제25대 왕에 선출되셨습니다. 올라가시죠. 머라고나. 내가 왕이 됐다고라. 덕완군 19세 때의 일. 갑곶나루에서 배 타고 한양을 향해 떠난다. 나 가기 싫은데. 파도는 치고.

"아빠, 왜 나루터 이름이 갑곶甲串이야?"

"고려 고종이 원나라의 침입을 받아 강화도로 피란할 때 여긴 갑옷만 벗어 쌓아 놓아도 건널 수 있을 만큼 얕았걸랑."

1853년 강화유수에 발령받은 정원용의 아들 <u>정기세</u>는 우선 덕원군의 잠저 초가집을 헐고 새로 짓는다. 유수는 지금의 군수. 그래 덕원군 잠저는 용흥궁龍興宮 : 용이 태어난 집이 된다.

"아빠, 잠저潛邸가 머야?"

"정상 법통이 아닌 방법으로 임금으로 추대된 사람이 왕위에 오르기 전에 살던 집."

근처 철종 외가도 철종의 명으로 중건에 들어가고. 억울하게 돌아가신 어머니 염씨에 대한 애정이 묻어난다. 한때 철종의 외숙인 염보길이 살았다고 하나 지금은 썰렁. 당시 강화도령을 홀대하던 강화도 유수를 비롯한 아랫것들은 보복의 피바람을 걱정하며 잠을 못 이루었지만 철종은 다 용서한다. 그릇이 크다.

솟을대문 지나 우회전하면 아랫것들 처소인 행랑채. 안마당에 들어서면 'ㄱ' 자형의 안채다. 전면 7칸, 측면 3칸의 단아한 팔작지붕. 안채를 돌아 몇 계단 올라가면 역시 'ㄱ' 자형의 날렵한 사랑채. 아, 한옥의 위대함이여. 제대로 지었군. 근디 철종이 이 집에 살았던 건 아니다. 철종은 쓰러져 가는 초가집에 살았다는 거 잊지 말길. 글 구 철종은 살아생전에 이곳에 와보지도 않았음. 안동 김씨의 위세에 눌려 힘 한번 써보지 못하던 허수아비 왕 철종은 1863년 지구를 떠난다.

8명의 마누라에게서 11명의 자녀를 낳았으나 다 일찍 떠난다. 머 되는 일이 없군. 다시 허수아비 고종이 왕위에 오른다. 이번에는 안동 김씨를 대신해 여흥 민씨가 득세. 왕족 전주 이씨를 아주 졸로 본다. 그래 1910년 나라도 망하고 용흥궁을 돌보

정기세(1814년~1884년)
본관 동래東萊. 호는 주계周啓. 영의정 원용의 아들. 우의정 범조의 아버지. 1837년 정시에 병과로 급제. 전라도 관찰사, 예조판서, 우찬성 역임. 성격이 검손해 다른 사람의 뜻을 거스르지 않았고 기쁜 일을 잘 알려 주어 까치판서라고 불렸다.

철종 잠저 비각

강화도 철종 외가

는 이 없다.

강화도를 떠나 김포로 들어가니 다도박물관이라는 팻말이 유혹한다. 그래 가보니 1만여 평의 땅에 연못에는 연꽃이 피어오르고 마당에는 고가의 조각품들이 널브러져 있다. 2층의 고급 별장 아래 지하층이 박물관이다. 3천 원 내고 들어가니 수억 짜리 골동품 즐비하고.

아니 도대체 이 박물관의 주인이 누굽니까. 대기업 회장인가. 실세는 따로 있군. 이렇게 재력가들이 곳곳에 숨어 있으니. 주인이 마당을 왔다갔다 한다. 풍채가 당당하다. 명성황후는 칼에 찔려 지구를 떠났어도. 음 대대로. 나가다 보니 1995년 지었다는 대규모 사당이 눈에 들어온다. 제대로 지은 한옥. 아니 도대체 이 사당은 누구 겁니까. 역시 여흥 민씨다. 눈에 보이는 모든 땅이 여흥 민씨 거다. 하회마을은 풍산 류씨가. 김포는 여흥 민씨가.

1970년 강화대교가 완공되면서 강화에도 봄이 온다. 이제 목숨 걸고 배 탈 일이 없어진 거다. 왕위에 오른 철종은 집안을 건사하라고 영평군에게 지금의 낙원상가 부근에 땅을 하사해 누동궁을 지어 준다. 순종의 황실 재산은 왜놈들이 국유화하지만 영평군의 땅은 깜박한다.

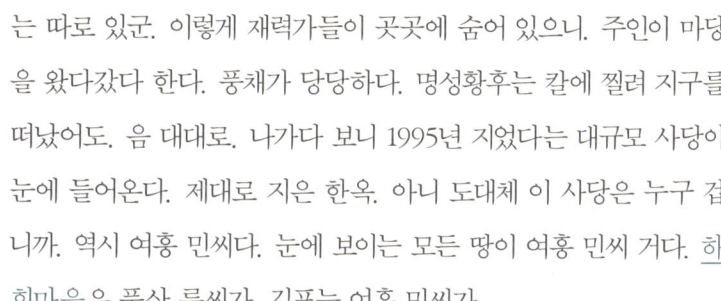

하회마을

중종 때 과거 급제한 류중영(1515년~1573년)은 전국 유람에 나섰다. 대대로 살던 고향은 너무 자갈이 많아서. 집안의 번창을 위해서는 터가 중요한 법. 퇴계 선생을 찾았다. 선상님 좋은 땅 하나 소개해 주서유. 부용대 앞으로 가거라. 높이 64미터의 부용대芙蓉臺에 올랐다. 연꽃이 피어나는 언덕. 낙동강이 휘감고 도는 160만 평의 명당. 물이 도는 마을. 토박이 허씨, 안씨 문중을 찾았다. 같이 살자. 땅값 많이 쳐줄게. 그래 이 마을 주민의 70퍼센트가 풍산 류씨.

철종의 형 영평군은 집안 재건에 나선다. 철종 생가 누동궁 복원. 1910년 나라도 망하고 영평군의 손자 이해승이 사고친다. 이제 가난은 싫어. 일본에 붙는다. 친일. 조선의 마지막 왕 순종의 왕실 재산은 죄다 몰수되지만 이해승은 360만 평의 지분 확보. 천황이여 영원하라 외친 덕. 우째 이런 일이.

1945년 해방. 친일파 무죄. 재산 보전. 이해승 납북. 생사를 알 수 없고. 이해승의 손자 이우영이 다시 집안 재건에 나선다. 우선 1975년 철종의 용흥궁 사들이고 복원. 1988년 전계대원군과, 회평군, 영평군이 모셔져 있는 홍은동 백련산의 묘지들을 포천으로 이장한 후 누동궁 팔아 스위스그랜드호텔 설립. 이우영이 운영하는 동원INC가 100퍼센트 지분 확보. 2002년 힐튼호텔의 브랜드만 빌려와 그랜드힐튼 서울호텔이 된다. 대지 1만 2천 평에 호텔 연면적 2만 4천 평. 이제 왕족도 장사 잘해야 된다.

2004년 <u>친일진상규명법</u> 제정. 난리가 났다. 2007년 위원회는 우선 포천의 60만 평 몰수 결정. 시가 300억. 나머지 이해승 후손 땅도 추적 중. 이우영 묵묵부답.

친일진상규명법
2004년 3월 22일 공포. 일본 제국주의의 국권 침탈 전후부터 1945년 8월 15일 광복 이전까지 행해진 친일 반민족 행위에 관한 진상을 정부 차원에서 규명. 11명의 위원은 국회의 추천을 받아 대통령이 임명. 활동 기간은 4년.

전등사傳燈寺

인천광역시 강화군 길상면 정족산성 안에 있는 절. 381년 아도가 창건. 일제 강점기에 두 차례 중수. 전등사라는 이름은 충렬왕의 비 정화궁주가 이 절에 옥등玉燈을 시주한 데서 비롯되었다. 보물 제178호인 대웅전, 보물 제179호인 약사전, 보물 제393호인 범종이 있다.

"아빠, 그럼 은신군의 후손은 어떻게 됐어?"

"은신군-남연군-흥선대원군-고종-영친왕-이구로 이어지는 왕족 멸족."

"그럼 조선 왕족은 대가 끊기는 거야?"

"아니. 의친왕의 손자인 이원을 이구의 양자로 입적시켜 대를 이음."

"의친왕이 누군데?"

"고종의 후궁인 귀인 장씨가 낳은 막내아들."

"고종 아들이 몇 명인데?"

"① 완화군 ② 순종 ③ 영친왕 ④ 의친왕. 4명."

이우영은 지금 바늘방석. 소문에 의하면 친일진상규명위원회가 곧 해체된다고 하니. 뚝심. 고해성사 하면 좀 좋을까마는.

1995년에야 인천 유형문화재 제20호가 된다. 그래도 찾는 이는 없고. 2004년 강화 군수는 용흥궁 살리기에 나선다. 관광객을 유치해야 먹고 살 수 있는 관계로. 강화도는 남북으로 27킬로미터, 동서로 16킬로미터 대한민국에서 다섯 번째로 큰 섬. 근디 중국산 농산물이 쏟아져 들어오는 관계로 먹고 살 길이 막막하다.

<u>전등사</u> 하나로 버티던 강화군은 최근 용흥궁 인근 땅을 사들여 주차장 만들고 문화유적지 조성. 이제야. 배고파 봐야 문화를 챙기니. 관광객이 강화도를 먹여 살려야 된다. 그래 용흥궁 뜬다. 지금 용흥궁은 다도를 가르치는 학교로 변신. 시원한 차나 마시자. 날씨도 더운데.

여러 대에 걸쳐 모범이 되는 선비의 집

일두 고택

김종직1431년~1492년. 본관 선산. 문과 급제자 60명 배출한 명문가. 61개 김씨 중 선산 이씨는 인구 11만 명으로 랭킹 8위.

"아빠, 도대체 김씨는 몇 명이나 돼?"

"1천만 명. 대한민국에서 5명 중 1명은 김씨."

"이씨는?"

"7백만 명."

호는 점필재佔畢齋 : 책을 엿보는 집. 시호는 문충文忠 : 충성스러운 선비. 경남 밀양 생. 1456년 과거에 낙방한 김종직은 조의제문을 짓는다. 항우가 초나라의 회왕을 죽인 중국의 고사에 비유해 세조의 왕위 찬탈을 비난한다. 이 한 편의 시는 후에 엄청난 피바람을 몰고 온다. 1459년 식년문과에 급제, 이듬해 사가독서. 한성판윤지금의 서울시장,

공조참판지금의 건교부 차관, 형조판서지금의 법무부 장관 역임.
김종직은 고향에 서당을 열고 영남의 젊은이들을 가르치기 시작한다. 제자 명단 보자.
① 정여창1450년~1504년 문묘에 종사. 무오사화로 유배지에서 병사.
② 김굉필1454년~1504년 문묘에 종사. 갑자사화로 사형.
③ 김일손1464년~1498년 무오사화로 사형.
그래 김종직은 영남 사림파의 시조로 등극. 좌 안동, 우 함양.
1498년 조선 4대 사화의 첫 사화인 무오사화가 일어난다. 주로 쿠데타로 부와 권력을 독식한 훈구파와 과거시험을 통해 등장한 사림파의 영원한 전쟁이 시작된 거다. 죽기 아니면 살기. 훈구파의 일방적인 공격이지만. 35세의 김일손은 팔팔한 혈기로 스승이 지은 조의제문을 《성종실록》에 옮겨 적는다. 다치겠군.
"아빠, 조의제문弔義帝文이 머야?"
"의로운 임금인 단종을 기리는 글."
훈구파의 거목 이극돈이 연산군에게 이른다.
"전하, 김종직이 전하의 할부지를 조카를 죽인 패륜아라고 하네유?"
"머라. 다 죽여라."
김일손 이하 수십 명의 영남 사림들 사형. 김종직 부관참시. 정여창 이하 수십 명의 영남 사림들 귀양. 전멸.
"아빠, 이극돈 본관 어디야?"
"광주."
"우리 집안이네."
"응."
죄송합니다. 사림 여러분. 우째 이런 일이. 그래 우린 똑바로 걸어야 된다. 여러분, 후손들 생각 좀 하세유.

단종의 능
영월군 영월읍에 있는 장릉莊陵 사적 제196호. 조선시대 장릉은 2개 더 있다. 김포에 있는 장릉章陵은 선조의 다섯째아들 원종과 비 인헌왕후의 능. 파주에 있는 장릉長陵은 인조와 비 인열왕후의 능. 헷갈리지 마시길.

이극돈(1435년~1503년)
본관 광주廣州. 1457년 친시문과 합격. 1468년 문과중시에 을과로 합격. 1494년 이조판서에 이어 병조, 호조판서 역임. 훈구파의 거물로서 무오사화를 일으켜 수많은 선비들을 죽인 죄로 시호 익평翼平 및 관작 추탈.

"아빠, 어떤 아저씨가 부모 처자식 다 죽였대."

"그 놈 이름이 뭐래더냐?"

"안 나오는데."

"내 이 놈들을."

오늘의 주인공 정여창 알아보자. 본관 함양. 호 일두—蠹 : 한 마리의 좀 벌레. 어려서 이름은 백욱. 증조부가 처갓집인 하동으로 이사해 정착. 자고로 선비는 결혼을 잘 해야 하는 거 아시죠. 정육을의 3남 중 장남으로 태어난다. 8세 때 부친의 부임지인 의주로 갔다. 당시 부친의 집에 명나라 사신 장영이 왔다.

"우리 아들 이름 하나 지어 주쇼."

"여창汝昌으로 하시죠."

여막

"뭔 뜻인지."

"집안이 번성하고 길이 영화를 누리리라."

18세 되던 해 이시애의 난 평정하다 부친 전사. 일두가 직접 전쟁터로 나가 한 달 만에 시신 수습. 3년 시묘. 조정에서는 부친의 공적을 기려 일두에게 벼슬 하사. 싫어유. 점필재의 문하에 들어가 학문을 닦는다. 1480년 성균관 입학. 과거 준비 중 모친상. 낙향. 3년 시묘.

"아빠, 왜 부모님이 돌아가시면 여막 짓고 3년 동안 묘를 지키는 거야?"

"3년 동안 안아 키워 주신 부모님에게 보답하는 거야."

"나도 해야 돼?"

"아니, 넌 딸이잖아. 아들만 하는 거야."

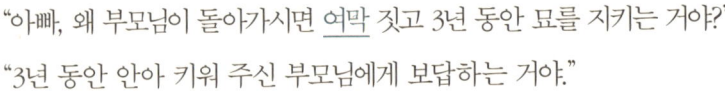

이극균(1437년~1504년)
본관 광주. 1456년 식년문과 합격. 무술에도 뛰어나 세조의 신임을 받고 선전관이 되었다. 1472년 중추부동지사로 사은부사가 되어 명나라에 다녀왔다. 1497년 중추부판사 때 경상우도의 지도를 만들었다. 1503년 우의정을 거쳐 좌의정에 이르렀으나 갑자사화 때 인동에 귀양 가서 사사. 뒤에 신원되었다.

김굉필(1454년~1504년)
본관 서흥. 호 한훤당寒喧堂. 시호 문경文敬. 김종직의 제자. 1480년 초시 합격. 1494년 경상도 관찰사 이극균에 의해 유일로 천거되어 주부. 1498년 무오사화 때 평안도 희천에 유배. 그곳에서 조광조를 만나 학문 전수. 1504년 갑자사화로 극형. 중종반정 이후 신원. 우의정 추증. 문묘에 종사.

한명회(1415년~1487년)
본관 청주. 호 압구정狎鷗亭. 시호 충성忠成. 1453년 계유정난 때 수양대군을 도와 군기녹사가 되고, 정난공신 1등 책록. 1457년 이조판서. 1460년 셋째딸 세자빈 책봉. 1466년 영의정. 1467년 넷째딸 다시 세자빈 책봉. 세조의 책사에 이어 예종, 성종의 장인. 1504년 갑자사화 때 부관참시 후에 신원되었다. 사진은 천안 한명회의 묘.

"그럼 어떡해?"

"아빠, 죽으면 화장해서 독도 앞바다에 뿌려. 독도나 지키게."

상복을 벗은 일두는 지리산 밑 악양동에 들어가 악양정 짓고 후학들 가르치기 시작. 권력이란 부질없는 것. 얘들아 나가지 마라. 다친다. 1901년 후학들은 악양정岳陽亭 중건하고 일두를 기린다. 따뜻한 큰 산 위의 집. 그의 효행과 학식을 전해 들은 성종은 특사를 보냈다. 일두를 소격서 참봉지금의 9급 공무원에 임명하노라. 싫어유.

"아빠, 소격서昭格署가 머야?"

"하늘님에게 비 내려 달라고 비는 관청."

1490년 드디어 41세에 과거 급제. 성종은 특별히 일두를 왕세자를 가르치는 시강원의 설서지금의 7급 공무원로 임명. 왕세자인 연산군은 천방지축. 나 안 해. 말도 안 듣고. 1492년 스승도 가고. 1494년 고향인 안의현감으로 내려간다. 4년 만에 무오사화. 또 시작이군.

"너 조의제문 초안 썼지?"

"전 모르는 일인디유."

"웃기고 있네."

함경도 종성으로 유배. 대한민국 최북단. 두만강에서 낚시. 7년 만에 유배지에서 병사. 과거 시험 안 본다니까 괜히 벼슬해 가지고. 후손은 시신을 함양에 모셨다. 그럼 끝인가.

일두 가고 다음 달 갑자사화. 연산군의 생모 윤씨를 폐위시키고 사사한 세력에 대한 복수전. 이극균, 김굉필 사형. 이미 죽은 한명회, 정여창 부관참시. 역풍. 1506년 중종반정.

"아빠, 부관참시剖棺斬屍가 머야?"

"관을 꺼내 뼈를 빠개버리는 거."

"죽었다고 끝나는 게 아니네."

"응. 그래서 아빠 화장해서 바다에 뿌리라는 거야. 후학들이 부관참시 한다고 할까 봐."

"연산군은 어떻게 됐어?"

"강화도로 유배. 학질로 그해에 갔어."

"다 가네."

"응."

1517년 중종은 억울하게 부관참시를 당한 일두에게 문인 최고 품계인 정1품 대광보국숭록대부 겸 우의정 추증. 1552년 후학들이 남계서원 건립하고 일두를 모셨다. 1566년 명종은 사액을 내려 일두를 기리고. <u>남계서원</u>은 소수서원에 이은 두 번째 사액서원. 1610년 <u>문묘</u> 배향. 가문의 영광.

"아빠, 왜 공자님 모시는 곳을 문묘文廟라고 불러?"

"학문이 높은 성인들을 모시는 사당이라."

"성인聖人은 또 뭐야?"

"지혜와 덕이 매우 뛰어나 길이 우러러 본받을 만한 사람."

"그럼 문묘에는 공자님만 계셔"

"아니. 4대 성인인 증자, 맹자, 안자, <u>자사</u>. 뛰어난 제자들인 10철. 안회, 민자건, 염백우, 염옹, 재아, 자공, 염구, 자로, 자유, 자하."

"공자님 제자를 왜 10철이라고 불러?"

"특히 학덕이 뛰어난 사람들이라 밝을 철哲자를 붙여 존경의 예를 갖추는 거야. 송조 6현도 함께 모시고."

"딸. 그럼 전부 몇 분이니."

"21명."

중국의 성인들뿐 아니라 조선의 명현들도 18분 모셨다.

"명현明賢은 또 뭐야?"

문묘
서울 문묘는 1398년 건립했으나 1400년 소실. 1407년 중건. 임진왜란 때 소실. 1692년 대성전 중건. 대성전大成殿에는 공자를 비롯해 증자, 맹자, 안자, 자사 등 4대 성인과 공자의 제자들인 10철, 송조 6현, 그리고 우리나라 명현 18인의 위패가 모셔져 있다. 보물 제141호. 1604년 동무, 서무 중건. 1606년 명륜당 중건. 명륜당 앞에 남북으로 길게 배치되어 있는 동재, 서재는 기숙사 공간으로 성균관이라 불린다. 유교의 성지. 사진은 명륜당.

남계서원

자사(子思. BC 483년~BC 402년)
공자의 손자. 이름은 급伋. 증자의 제자이며 맹자의 스승. 천인합일天人合一의 철학 제창. 저서로 《중용》이 있다.

송준길(1606년~1672년)
송준길의 별당 동춘당. 늘 봄과 같은 집. 보물 제209호.

"밝고 현명한 사람."

"왜 우리나라 사람은 성인이 아니고 명현이라고 불러?"

"중국의 학자들보다는 학문의 깊이가 조금 모자라서. 제자를 3천 명 이상 끌고 다녀야 되걸랑."

18분의 명현 보자.

① 설총 ② 최치원 ③ 안향 ④ 정몽주 ⑤ 김굉필 ⑥ 정여창 ⑦ 조광조 ⑧ 이언적 ⑨ 이황 ⑩ 김인후 ⑪ 이이 ⑫ 성혼 ⑬ 김장생 ⑭ 조헌 ⑮ 김집 ⑯ 송시열 ⑰ 송준길 ⑱ 박세채

"18분 중에 우리 광주 이씨 있어?"

"없어."

1604년 정여창의 후손 정덕대는 일두 서거 1백 주년을 맞아 3천 평의 대지에 일두 고택 건립. 현판을 걸었다. 문헌세가文獻世家. 여러 대에 걸쳐 모범이 되는 선비의 집. 아늑한 안마당. 인문학적인 건축은 이렇듯 모양 만들기에는 관심이 없다. 그저 바람만 잘 통하면 됐지 머.

중요 민속 자료 제186호.

"아빠, 어떤 중학교 선생님이 서평 썼는데."

"올려라."

대부분의 사람들은 그다지 건축물에 관심이 없다. 아이들 역시 그러하다. 번지르르하고 비싼 집에 살고는 싶어 하지만 그 집이 지어진 과정이나 그 집만이 지닌 의미에 대해서는 관심이 없다.

이러한 상황에서 건축물에 대한 해박한 지식의 나열보다는 가벼우면서도 나름의 시각으로 건축물을 소개하는 이 책은 아이들에게 퍽 흥미를 준다. 글쓴이는 예술품으로서 건축물이 지닌 의미보다는 그 건축물이 나오기까지의 과정을 되짚으며 그 과정이 삶과 맞닿아

있음을 은근하게 이야기하고 있다. '건축과 나는 따로 떨어진 것이 아닌 하나의 테두리에 있다!'라는 생각에서 글을 시작하고 있는 것이다. 건축 평론을 하는 가난한 택시 운전사인 동시에 딸에게 고사성어를 들이대며 인생을 가르치려는 자상한 아빠. 중학생 딸에게 삶을 느끼게 하기 위해 일요일마다 건축 여행을 떠나며 이야기는 쌓여 간다. 길 위에 선 건축가는 건축학적 전문지식을 어린 딸의 눈높이에 맞게 풀어내며 삶을 이야기한다.

건축물은 우리의 삶을 반영하고 있다. 그것이 지어질 당시의 역사와 가치관이 담겨 있고 건축가만이 지닌 아름다움에 대한 욕망과 삶의 결들이 켜켜이 쌓여 있다. 그러기에 우리는 건축물이 지닌 아름다움이나 웅장함과 함께 그 속에 담긴 시대정신과 만날 수 있는 것이다. 방학이 되어도 공부의 굴레를 벗어던지지 못하는 우리 아이들이 이 책과 함께 건축 여행을 하며 잠시 쉬었으면 좋겠다. 조금 욕심을 내어 건축물에 담긴 삶의 의미도 각자 찾아보길 바란다. 하나의 건축물은 벽돌을 쌓아올려 만든 구조물이기 이전에 건축가의 여러 가지 경험들을 바탕으로 탄생되었음에 초점을 둔다면 나름 찾을 수 있으리라. 멋진 건축물도 한 사람의 작은 소망에서 시작되었고, 온갖 훼방꾼들의 방해에도 꿋꿋이 자신의 뜻대로 걸어갈 때 비로소 아름다운 결실을 얻듯이 삶도 조금은 힘겹지만 한 걸음 한 걸음 소중하게 내디딜 때 비로소 원하는 무언가를 길어 올릴 수 있다는 소박한 진실과 만나기를 바란다.

음. 이제 대중적인 작가가 됐군. 근데 인세는 왜 안 들어오는 거야. 나 원 참.

고택 : 일두 고택

생가

포기할 수 없는 소중한 가치가 살아 숨 쉬는 그곳을 찾다

김남주 시인 생가
이병기 생가
조병옥 생가
필경사
허난설헌 생가

모든 것이 다 내 탓이다 **김남주 시인 생가**

"딸 김남주 아나?"

"알아."

"고맙구나."

"탤런트 말하는 거지?"

"머라. 가자."

"어디로?"

"해남."

시인 김남주의 고향은 해남읍 삼산면 봉학리. 부친은 농민. 일단 서해안 고속도로 타고 350킬로미터, 목포에서 국도로 다시 50킬로미터. 오지. 그래 조선의 유배지. 가도 가도 끝이 없는. 면적은 서울과 비슷하지만 인구는 달랑 8만 명에 1년 예산은 2천 6백억 원. 재정자립도 10퍼센트. 여러분, 해남에 가서 돈 좀 쓰시죠. 윤선도의 고향. 문화재의 보고.

"아빠, 왜 이 마을 이름이 봉학鳳壑이야?"
"3개의 산을 타고 흐르는 골짜기에 봉황이 살고 있걸랑."
전남대학교 영문학과 졸. 박통 유신헌법 선포. 난리가 났다.
"아빠, 유신헌법이 머야?"
"학교에서 안 배웠니?"
"응."
"머라. 대통령 두 번 해먹은 박통이 죽을 때까지 하려고 헌법을 바꾼 거야."
"그때 헌법재판소는 머 했어. 탄핵해야 되는 거 아냐?"
"헌재는 1988년 생겼걸랑."

반유신 지하신문 〈함성〉 제작 배포. 1973년 구속. 구속 이유 빨갱이임. 징역 2년, 집행유예 3년. 땅 땅. 전남대학교 제적. 이제 28세. 8개월 만에 석방. 이 그지 같은 세상. 낙향. 고향에서 농사지으며 〈진혼가〉 발표. 엄청 화나셨다. 보자.

쓰고 있다
지금 나는 쓰고 있다
세 겹으로 네 겹으로 갇혀 쓰고 있다
내 탓이다라고
서투른 광대의 설익은
장난 탓이다라고
어설픈 나의 양심 탓이다라고
미지근한 나의 싸움 탓이다라고
모두가 모든 것이 내 탓이다라고

윤선도(1587년~1671년)
본관 해남. 호 고산孤山. 시호 충헌忠憲. 1612년 진사. 1616년 성균관 유생으로 권신 등의 횡포를 상소했다가 경원으로 유배. 1623년 인조반정으로 풀려나 낙향. 1633년 증광문과 합격. 문학에 올랐으나 모함을 받고 파직. 병자호란 때 왕을 호종하지 않았다 하여 영덕에 유배. 1652년 왕명으로 복직. 1659년 자의대비의 복상 문제로 삼수에 유배. 치열한 당쟁으로 일생을 거의 벽지의 유배지에서 보냈다. 사진은 해남 윤고산 사당.

김남주 시비

김남주 흉상

나는 지금 쓰고 있다
움푹 패인 주먹밥 위에
주먹밥에 떨어진 눈물 위에
눈물 같은 국물 위에
환기통 위에 뺑끼통 위에
시멘트 바닥에 허공에 천장에
벽 위에 식구통 위에
감시통 위에 침 발라
손가락으로 발가락으로 헛바닥으로
마르도록 벗겨지도록
피나도록 쓰고 있다

"아빠, 진혼가가 머야?"

"죽은 자의 넋을 위로하는 노래."

빨갱이라 취직은 안 되고. 1975년 광주로 나가 서점 차린다. 서점 이름은 '카프카'. 우리 시대의 자랑스러운 실존주의 작가 프란츠 카프카를 따르겠다. 아시죠. 카프카 41세에 요절한 거. 인테리어 디자이너 마누라에게 전화. 84학번이니까. 설마.

"김남주 시인 아냐?"

"예. 유명한 여류시인이잖아요."

"그건 김남조고."

"몰라유."

프란츠 카프카 Franz Kafka
1883년~1924년. 체코의 수도 프라하 생. 부유한 유대 상인의 아들로 태어남. 프라하대학에서 법률 전공. 1906년 법학박사. 1917년 폐결핵. 1924년 빈 교외의 킬링 요양원에서 죽었다. 1926년 요양원에서 집필한 장편소설 《성城 Das Schloß》 발행. 실존주의 문학의 선구자로 인간 운명의 부조리성, 인간 존재의 불안을 날카롭게 통찰.

머라. 내 이것들을. 서점 2년 만에 거덜내고 다시 낙향. 처세술 책도 아니고 인문과학 서적이 팔리겠나. 30년 전에. 지금도 안 팔리는디. '해남농민회' 결성. 농민의 의식화에 나선다. 또 들어가시겠군. 나 원 참. 중정 요원들이 들이닥쳤다. 김남주 어디 갔어? 모르는디유. 산속 움막에 숨어 프란츠 파농의 《자기의 땅에서 유배당한 자들》 번역.

"아빠, 파농이 누구야?"

"정신과 의사이자 소설가지만 다 때려치우고 알제리의 민족 해방에 뛰어든 혁명가. 엄마야 파농 책 사 와라."

파농 역시 37세에 요절. 김남주 선생 오래 못 사시겠군. 1979년 남민전 사건으로 구속. 나 대학교 1학년 때. 당시 우리의 우상.

"아빠, 남민전이 머야?"

"남조선민족해방전선준비위원회. 남민전은 국민을 ① 나쁜 놈. 특권층, 재벌, 자본가, 중산층 ② 좋은 놈. 서민층, 농민, 실업자로 나누어 나쁜 놈들의 섬멸을 꿈꿨걸랑."

파농 Frantz Omar Fanon
1925년~1961년. 프랑스령 마르티니크 태생의 평론가. 정신분석학자, 사회철학자. 아프리카 대륙과 아메리카 대륙의 흑인 간에 연대감을 드높인 혁명가. 알제리민족해방전선(FLN)의 지도적 이론가이자 의사로서 적극 협력. 임시 혁명정부가 들어섰을 당시 가나 주재 대표와 루뭄바의 고문을 지냈다.

물태우 노태우(1932년~)
대구 생. 1955년 육군사관학교 제11기 졸. 1979년 '12·12사태' 가담. 1980년 국군보안사령관. 1983년 서울올림픽대회 및 아시안게임 조직위원장. 1987년 '6·29선언' 발표. 제13대 대통령 당선. 5년 동안 놀다가 퇴임. 그래 별명이 물태우. 1995년 4,100억 원의 비자금을 조성한 사실이 밝혀져 구속. 1997년 특별사면. 아직도 추징금 340억 미납.

단재 신채호(1880년~1936년)
본관 고령. 호 단재丹齋. 1905년 성균관 박사. 1910년 중국 칭다오로 망명. 안창호 등과 독립운동. 1919년 대한민국임시정부 참여. 1925년경부터 무정부주의 신봉. '독립이란 주어지는 것이 아니라 쟁취하는 것이다.' 1928년 자금 조달차 타이완으로 가던 중 지룽항에서 체포. 10년형 선고받고 뤼순 감옥에서 복역 중 1936년 옥사. 1962년 건국훈장 대통령장. 사진은 대전 신채호 생가.

안치환(1966년~)
경기도 화성 생. 연세대학교 사회사업학과 졸. 1986년 민중문화운동연합노래반 '새벽'으로 노래 활동 시작. 1989년 그룹 '노래를 찾는 사람들' 멤버. 1990년 1집 앨범 《안치환 첫 번째 노래 모음》으로 솔로 가수 데뷔. 1999년 '오늘의 젊은 예술가상' 수상. 대표곡 '사람이 꽃보다 아름다워', '솔아 솔아 푸르른 솔아'.

"지금이랑 같네."

"응."

징역 15년. 광주교도소 수감. 광주민중항쟁 발발. 김남주 선생은 감옥에 있는 바람에 목숨은 부지. 새옹지마군. 1987년 감옥에서 〈전향을 생각하며〉 발표. 보자. 요새 아그들이 하도 시를 안 읽으니. 나도 그렇고.

서른일곱의 어쩌지도 못하는

이 기막힌 나이 이 환장할 청춘

솔직히 말해서 나는

무덤을 지키는 지조 높은 선비는 아니다

나에겐 벗이여

죽기 전에 걸어야 할 길이 있다

싸워야 할 사랑이 있고

싸워 이겨야 할 적이 있다

기대해 다오 나의 피 나의 칼을

기대해 다오 투쟁의 무기 나의 노래를

올림픽을 맞아 문인 502명, PEN 세계본부, 미국 PEN 클럽 물태우에게 석방 촉구 서한 발송. 김남주 안 풀어 주면 정권 퇴진 운동에 들어가겠다. 형 집행 정지로 출소. 10년 만이다. 이미 마흔다섯. 몸은 다 망가졌고. 다음 해 동지 박광숙과 결혼. 외아들 김토일 출산. 민족문학작가회의 소장. 단재상, 윤상원문화상 수상.

1994년 췌장암으로 간다. 이제 47세. 늦둥이는 이제 5세. 모질구나. 광주 5.18묘역 안장. 2006년 3월 민주화운동 관련자 명예 회복 및 보상심의위원회는 김남주 시인을 포함한 남민전 관련자 29명을 민주화운동 관련자로 인정. 보상금 준다는 얘기는 없네. 내 이것들을.

해남군은 부랴부랴 김남주 시인 생가 복원에 나선다. 빨갱이가 아니래니. 2007년 생가 복원. 매년 11월 김남주문학제 개최.
"아빠, 사모님은 지금 뭐 하셔?"
"강화여고 국어 교사."
"늦둥이 외아들은?"
"성공회대학교 영문학과 1년."
"대를 잇겠군."
"응."
선생의 친동생 농민회 전남의장 김덕종은 도망 다니고 있다. 명박이는 물러나라 훌라 훌라. 뚝심의 집안. 늦둥이는 편하게 살아가야 될 텐데. 참. 2000년 안치환은 선생의 시에 곡을 부쳐 헌정 앨범을 바친다. 꼭 바른 맨은 바른 맨끼리 논다니깐. 들어 보자. 〈똥파리와 인간〉

떼 지어 사는 똥파리들을 본 적이 있는가
보라, 돈 없이 헐고 한적한 곳
두메산골 같은 곳 그곳에
무리져 사는 인간들을 본 적이 있는가
따지고 보면 우리 인간들이란 별게 아냐
그래, 별게 아냐
똥파리들과 다를 게 없어 다를 게 없어 우-
똥파리에겐 더 많은 똥을
인간들에겐 더 많은 돈을

생가 : 김남주 시인 생가

이병기 생가

나의 고향으로 돌아가자

이병기 1891년~1968년. 호 가람 嘉藍 : 강江의 순우리말. 전북 익산 생. 한성사범학교 졸. 부친은 변호사 이채.

"아빠, 한성사범학교라는 학교도 있었어?"

1895년 갑오개혁의 일환으로 초등학교 선생 양성을 목적으로 서울 교동에 최초의 한성사범학교 설립. 1911년 경성고등보통학교(지금의 경기고)에 흡수 통합. 초등학교 교사로 있으면서 시조에 심취. 1925년 〈조선문단〉에 '한강을 지나며' 발표하며 시조 시인 등단. 1939년 창간한 〈문장〉에 '한중록주해' 발표. 고전의 달인 등극.

"아빠, 《한중록恨中錄》 누가 쓴 거야?"

"혜경궁 홍씨."

남편 사도세자가 부친인 영조에 의해 뒤주에 갇혀 죽은 참변 등을

갑오개혁

동학농민운동을 진압할 목적으로 정부는 청에 원병 요청. 일본도 텐진조약을 구실로 군대 파견. 동학농민군 세력 약화. 이에 청은 일본에 대해 공동 철병 제안. 일본 거부. 청일전쟁 발발. 일본 군대는 왕궁을 포위하고 대원군을 앞세워 민씨 일파 축출. 김홍집을 중심으로 하는 친일 정부 수립. 국정 개혁 단행.

한글로 묘사한 파란만장한 일대기. 보자.

아바님 아바님, 잘못하였으니 이제는 하라 하옵시는 대로 하고, 글도 읽고, 말씀도 다 들을 것이니 이리 마소서" 하시는 소리가 들리니, 간장肝腸이 촌촌寸寸이 끊어지고 앞이 막히니 가슴을 두드려 한들 어찌하리오.

전국이 눈물바다. 대박. 완전 《읍혈록》이군.

"아빠, 《읍혈록泣血錄》이 머야?"

"피눈물로 쓴 글."

"이 《읍혈록》 원본 지금 어딨어?"

"미국 버클리대학교에."

"어라 왜 거기 가 있어?"

"일본 놈이 훔쳐 가서 팔아먹었어."

"다시 사 와야 하지 않나?"

"돈 없대. 관심도 없고."

1939년 8월 71편의 시조를 한지에 인쇄, 끈으로 엮어 제본한 《가람 시조집》 발간. 정지용의 발문跋文 : 책 끝에 수록하는 본문에 대한 감상 보자. 시조 제작에 있어서 양과 질로써 가람의 오른편에 앉은 이가 아직 없다. 천성의 시인으로서 넘치는 정공精功 : 정정당당한 비평을 타고 난 것이 더욱이 가람과 맞서기 어려운 점인가 하노니 한참 드날리던 시조인들의 행방조차 아득한 이즈음 가람의 걸음은 바야흐로 밀림을 헤쳐 나온 코끼리의 보법步法 : 걸음을 걷는 모양새이 아닐 수 없다. 예전 어른을 들어 비교하는 것은 흔한 노릇일지 모르겠으나 송강 이후에 가람이 솟아오른 것이 아닌가 한다. 송강의 패기를 당할 이 고금에 없겠으나 가람의 치밀한 섬세한 점이 아직 어떤 이가 그만한지를 모르겠다.

정지용(1902년~1950년)
충청북도 옥천 생. 휘문고등보통학교 졸. 일본 도시샤대학 영문과 졸. 귀국 후 모교 교사. 1927년 대표작 '향수' 발표. 광복 후 이화여자전문 교수와 경향신문사 편집국장. 좌익 문학단체에 관계하다가 전향. 보도연맹 가입. 한국전쟁 때 납북 후 사망. 1989년 정지용문학상 제정. 사진은 옥천 정지용 생가.

이극로(1893년~1978년)
경상남도 의령 생. 독일 베를린대학 철학과 졸. 조선어학회 주간으로 《조선어사전》 발간. 1942년 '조선어학회 사건'으로 함흥형무소에서 복역 중 8·15광복으로 석방. 1948년 '남북제정당·사회단체연석회의' 참석 차 평양에 갔다가 그대로 남았다. 같은 해 북한 제1차 내각의 무임소상. 1970년 조국평화통일위원회 위원장 등을 지냈다.

최현배(1894년~1970년)
본관 경주. 호 외솔. 울산 생. 경성고보 졸. 주시경의 제자. 1919년 일본 히로시마 고등사범학교 졸. 교토제국대학 문학부 철학과 졸. 1926년 연희전문 교수. 1938년 흥업구락부 사건으로 강제 사직. 1942년 조선어학회사건으로 8·15광복 때까지 3년간 복역. 문교부 편수국장. 1954년 연세대학교 부총장 등 역임. 1962년 건국훈장 독립장.

이희승(1896년~1989년)
호 일석一石. 1930년 경성제국대학 조선어학과 졸. 1932년 이화여자전문학교 교수. 1940년 일본 도쿄대학 대학원. 1942년 조선어학회 사건으로 일본이 망할 때까지 복역. 8·15광복 후 서울대학교 문리과대학 교수. 1957년 서울대학교 문리과대학 학장. 1963년 동아일보사 사장. 1962년 건국훈장 국민장.

1939년 법령 발표. 창씨개명 하라. 기간은 1940년 2월부터 8월까지. 일본식으로 이름 안 바꾸면 밥 안 먹여 줌. 난리가 났다. 머라 성을 바꾸라고나.
① 창씨하지 않은 사람의 자제는 학교 입학 불가.
② 창씨하지 않은 아동은 만날 주워 팰 것.
③ 창씨하지 않은 사람은 공무원 채용 불가.
④ 창씨하지 않은 사람은 우선적으로 노무 징용 대상.
창씨개명 1호. 당대의 스타 소설가 이광수. 가야마 미쓰로香山光郎. 대한민국 국민의 80퍼센트 창씨개명. 이병기 창씨개명 거부. 단 한 줄의 친일 글도 안 남긴, 손가락에 꼽히는 대쪽 선비.
1942년 조선어학회 사건이 터진다. 한글사전 몰래 만들다 걸린 거다. 복수전. <u>이극로</u> 징역 6년, <u>최현배</u> 징역 4년, <u>이희승</u> 징역 2년 6개월. 다 있군. 이병기는 1년 복역하다 기소유예로 출감. 나 이제 현실 안 나감. 익산시 여산면 고향으로 낙향. 이제 53세. 나 이제 농사꾼. 대표작 '고향으로 돌아가자' 보자.

고향으로 돌아가자 나의 고향으로 돌아가자
암 데나 정들면 못살 리 없으련마는
그래도 나의 고향이 아니 가장 그리운가
방과 곳간들이 모두 잿더미 되고
장독대마다 질그릇 조각만 남았으나
게다가 움이라도 묻고 다시 살아 봅시다
삼베 무명 옷 입고 손마다 괭이 잡고
묵은 그 밭을 파고파고 일구고
그 흙을 새로 일구어 심고 걷고 합시다

1945년 장남 동희 학도병으로 나가 실종. 머라. 내 이 왜놈들을. 해방. 1946년 서울대학교 국문과 교수. 1952년 전북대학교 문리대 학장. 1954년 대한민국 학술원 회원.

"아빠, 대한민국 학술원이 머 하는 데야?"

대한민국 원로 석학들의 지혜를 국가 경영에 이용하고자 1954년 63명으로 출발. 지금은 143명의 어른들이 11개 분과로 나뉘어 대한민국 최고의 학술 성과를 발표하고 있다. 문학 분야 회원은 10여 명. 그럼 건축은. 이광노 혼자다. 대한민국에서 건축의 중요도는 143분의 1. 1퍼센트도 안 된다. 그러니 여러분 건축과 갈 때 참고하세유. 작년에 학술원 회원의 품위 유지비는 120에서 150만 원으로 인상. 그 10배를 줘도 시원찮을 판에. 현 30대 학술원 회장은 김태길. 나 학창시절 이 분 수필집 끼고 다녔다. 현재 나이 88세. 그러니 70대는 여기서 발언권도 없다.

1957년 뇌출혈로 쓰러진다. 다시 고향을 찾았다. 1963년 평생 월급의 반을 털어 수집한 고문헌 4천 2백 5권 서울대학교 중앙도서관에 기증. 가람문고가 별도로 설치된다. 수억 원어치.

11년간 병마와 싸우다 1968년 향년 77세로 서거. 유언은 이렇다. 비석을 크게 만들지 마라. 그래 생가 뒤에 있는 선생의 묘비명은 간단하다. '이병기 선생 묘.' 1969년 후학들은 전주 다가공원에 시비를 세우고 '시름'을 새겼다.

아아, 슬프단 말 차라리 말을 마라
물도 아니고 돌도 또한 아닌 몸이
웃음을 잊어버리고 눈물마저 모르겠다.

1979년 '시조문학사'는 '가람시조문학상' 제정. 당선작 상금 1천만 원. 시조 시인 최고의 영예. 딸과 익산시 여산면 생가를 찾았다.

"아빠, 왜 이 동네 이름이 여산이야?"

김태길(1920년~)
충청북도 충주 생. 1945년 도쿄대학 법학부 중퇴. 1947년 서울대학 철학과 졸. 1960년 존스홉킨스 대학 철학박사. 서울대학 교수. 철학연구회 회장. 대한민국학술원 회장. 1987년 대한민국 학술원상. 1992년 인촌상.

"이 동네에 숫돌산이 있걸랑."

어라 초가집이네. 'ㄱ'자형 안채와 일자형 사랑채. 끝. 심플하군. 청렴결백한 선비의 삶은 집에서도 묻어나고. 사랑채 현판은 이렇다. 수우재守愚齋. 어리석음을 지키는 집. 담장 밖에 초가 정자를 세웠다. 현판 보자. 승운정勝雲亭. 뛰어난 구름이 떠다니는 정자.

스스로 삼복지인三福之人이라 자처하며 술과 시와 제자를 사랑한 처사. 낡은 중절모와 유행에 뒤떨어진 옷차림, 1년 내내 바뀌지 않는 구두, 누더기 낡은 가방을 아무 거리낌 없이 들고 다녔던 소탈 담백한 가람. 그립고나. 가람. 가람. 가람.

벼슬보다는 청백리가 중요한 법

조병옥 생가

조병옥1894년~1960년 본관 한양. 이이가 동방사현이라고 찬미했던 요절한 천재 조광조의 후손.

"아빠, 동방사현이 머야?"

"중국 동쪽의 위대한 네 분의 선비."

"그게 누군데?"

"김굉필, 정여창, <u>이언적</u>, 조광조."

"이언적은 본관이 어디야?"

"여주."

"그럼 우리 집안은 없네."

"응."

호 유석維石. 충청남도 천안 생. 공주영명학교 거쳐 1911년 평양숭실

이언적(1491년~1553년)
본관 여주. 호 회재晦齋. 1514년 문과 급제. 1530년 김안로의 재등용 반대하다 관직에서 쫓겨나 귀향한 후 자옥산에 독락당獨樂堂 짓고 안빈낙도. 1537년 김안로가 죽자 다시 관직에 나아가 이조, 형조, 예조판서 역임. 1547년 을사사화. 강계로 유배. 1610년 문묘에 종사. 사진은 독락당.

학교현 숭실대학교 졸업. 1914년 연희전문현 연세대학교에서 1년간 영어를 익힌다. 나라는 망했고. 미래를 대비한다. 두고 보자.
미국으로 건너가 와이오밍고등학교 졸업. 컬럼비아대학교에서 경제학 전공. 학사, 석사, 박사 취득. 1925년 귀국해 연희전문 전임강사로 있으면서 YMCA 이사로 활동. 1927년 신간회 창립위원.
"아빠, 신간회가 머 하는 모임이야?"
"좌우익 세력이 합작해 만든 항일단체."
1929년 광주학생운동의 배후 조종자로 검거되어 3년간 복역. 안 갔다온 선비가 없군. 1932년 조선일보사 전무. 1937년 수양동지회 사건으로 2년간 복역. 1945년 광복을 맞이해 한국민주당 창당. 1948년 대통령 특사, 유엔 한국 대표 역임. 1950년 한국동란 때

내무장관으로 대구 사수 진두지휘. 그 후 이승만과의 의견 충돌로 사직. 1954년 제3대 민의원에 당선. 1956년 대표최고위원 취임. 1958년 제4대 민의원 당선.

"아빠, 민의원이 머야? 지금의 국회의원과 다른 거야?"

"이승만 정권의 제1공화국은 양원제였걸랑. 참의원상원과 민의원하원. 실제로는 참의원을 뽑지 않아 민의원이 국회 운영."

"상원과 하원은 머가 다른데?"

"대개 원로들로 구성되는 상원은 국방 외교 담당. 하원은 국민이 먹고 사는 방법 보살핌."

1960년 민주당의 공천을 받아 대통령 선거에 입후보. 이승만과 붙지만 선거를 한 달 앞두고 미국의 월터 리드 육군의료센터에서 병사. 유석은 가고 난 이때 태어나고. 돌고 돌고. 1962년 건국훈장 독립장 추서.

"아빠, 지금 대통령이 몇 번째지?"

"17대."

"그렇게 대통령이 많았나."

보자. 딸이 모른다니.

1, 2, 3대 이승만

4대 윤보선

5, 6, 7, 8, 9대 박정희

10대. 최규하

11, 12대 전두환

13대 노태우

14대 김영삼

15대 김대중

윤보선 생가

박정희 생가

16대 노무현

17대 이명박

"아빠, 박정희를 왜 박통이라고 부르는 거야?"
"스페인의 프랑코 총통이 36년간 독재를 했걸랑."
"박통은?"
"18년."
"좀 낫네."
"그런가."

둘째아들 조윤형 1932년~1996년이 나선다. 1960년 5대 민의원을 시작으로 연속 4선. 1981년 전두환이 조윤형을 정치활동 규제자로 묶자 동생 조순형 1935년~이 나선다. 6선 의원을 역임한 조윤형 타계. 조순형은 현재 7선으로 최다선. 근디 조순형이 왜 차떼기 선수를 따라다니는 건지. 참 역사란 것이. 조광조의 후손임을 깜박했나.

"아빠 조순형 의원은 학교 어디 나왔어?"
"서울대학교 졸업, 미국 조지타운대학교 졸업."
"다 갔다왔네."
"응."
"나도 나가야지."
"머라."

1995년 조병옥 박사 생가 복원. 딸 가자. 천안시 동남구 병천면.
"아빠, 왜 조병옥 선생님은 꼭 박사라고 부르는 거야?"
"1920년대에는 미국산 박사가 워낙 드물었걸랑."

간판은 죄다 순대집.
"아빠, 이 동네에 왜 이렇게 병천 순대집이 많은 거야?"
"전쟁 후 먹고살기 힘들었는데 이 동네에 돈육 가공 공장이 생기면서 돼지 창자 속에 야채와 선지를 넣어 만들어 먹던 순대가 유명해 진 거야."

"병천竝川은 먼 뜻인데?"

"아우내. 여러 냇물이 휘감고 돌아가는 마을."

500평 대지에 세워진 일자형 초가집은 의외로 소박. 그 흔한 콘크리트 기념관도 없고. 내무장관, 민주당 대표, 대통령 후보를 지낸 미국산 박사의 생가치고는 정겹다. 우린 이런 유적들에 자녀들을 델고 가 보여 줘야 한다. 봤지. 벼슬보다는 자고로 청백리가 중요한 거란다.

"아빠, 인터넷 보니까 조 박사님이 친일파라는 지적들이 있던데?"

"그래도 조 박사는 챙기진 않았단다. 넘어가자."

난 불타오르는 사람이 되겠다 **필경사**

유관순(1902년~1920년)
충청남도 천안 생. 이화학당 편입. 1919년 3·1운동이 일어나자 학생들과 함께 가두시위. 학교가 휴교에 들어가자 낙향. 4월 1일 아우내 장터에서 3천여 군중에게 태극기 나누어 주며 시위 지휘하다 일본 헌병대에 체포. 아버지, 어머니 일본 헌병에게 피살. 5년형 선고받고 서대문형무소에서 복역 중 고문에 의한 방광 파열로 옥사. 1962년 건국훈장 독립장. 사진은 천안 유관순 생가.

심대섭. 1901년 경기도 시흥 생. 본관은 청송. 조선시대 문과 급제자 224명, 3명의 왕후를 배출한 명문가. 대한민국에서 열 손가락 안에 드는 센 집안. 1915년 교동보통학교 졸. 1917년 이혜영과 결혼. 너무 일찍 했나. 경성제일고보 입학. 지금의 경기고등학교다. 물론 평준화되기 전의 명문고 말이다. 대부분의 학생은 왜놈들 자녀. 조선인은 달랑 4명. 여기 들어가기는 하늘의 별 따기였던 시절. 그만큼 영재라는 뜻.

1919년 삼일운동이 터진다. 1년 후배 유관순이 앞장서니. 그것도 여학생이. 길거리로 나갔다. 왜놈들은 물러가라 훌라 훌라. 나 순탄한 길 갈려고 했는데. 보장돼 있는 엘리트 코스. 그놈의 쪽이 먼지. 서대문형무소행. 이제 19세. 수인번호 2007. 2칸 방에 19명. 바글바글. 막내라 식기 당번. 한 노인이 죽어 나갔다. 음, 죽음도 별거 아니군. 4개월 만에 출옥. 이 그지 같은 나라. 그제나 이제나. 베이징으로 넘어간다. 마누라는 옥바라지에 이어 이제 독수공방. 내 팔자. 두고 보자. 전주 이씨 왕족을 우습게 보는군.

"아빠, 왜 인생을 팔자라 그래?"

"결혼할 때 신부 집에 생년, 월, 일, 시를 천간과 지지로 표시한 사주를 보내는 풍습이 있걸랑. 근디 천간과 지지가 각기 두 자씩 여덟 글자로 돼 있어서 팔자라고 하는 거야. 자고로 여자는 남자를 잘 만나야 하는 법."

"그래서 엄마가 생고생 하는구나."

"머라."

우리 시대의 바른 맨 이회영 선생을 만났다. 직업은 독립운동.

"야, 너 브나로드라고 들어 봤냐?"

"못 들어 봤는디유. 그게 먼감유."

"민중 속으로. 독립운동은 내가 할 테니까 너는 브나로드 해라."

"그러죠 머."

책을 뒤졌다. 1873년 러시아의 젊은 지식인들이 농민들 계몽에 나섰다가 다 구속됐군. 머야, 그럼 우리보다 50년 앞섰잖아. 할 일도 많군. 상하이 위안장대학 입학. 공부를 더 해야겠다. 어라 등록금이 끊겼네. 중퇴.

1923년 귀국. 동아일보 기자. 중앙 언론사 기자는 그제나 이제나 엘리트 코스. 그냥 속세에 물들까나. 그게 되나. 좌파의 숙명. 나도 그렇고. 사회주의 문학단체 '염군사' 참여. 마누라 집을 나갔다. 이혼. 머라 독립운동에 이젠 좌파. 지만 잘났나.

"아빠, 염군사焰群社가 먼 뜻이야?"

이회영(1867년~1932년)

본관 경주. 호 우당友堂. 서울 생. 초대 부통령 이시영의 형. 1908년 장훈학교 설립. 청년학우회 조직. 1910년 중국 망명. 신흥강습소 설립. 블라디보스토크, 베이징, 상하이 등에서 독립운동. 1932년 일본 경찰에 붙들려 심한 고문 끝에 옥사. 1962년 건국훈장 독립장 추서. 사진은 우당기념관.

"불을 댕기는 사람의 모임."

현실과 투쟁하는 예술을 표방하는 파스큘라와 통합. '조선 프롤레타리아 예술가 동맹'으로 나간다. 고생길.

"아빠, 파스큘라 PASKYULA는 먼 뜻이야?"

"참여 소설가들의 머리글자를 딴 거야."

1926년 〈동아일보〉에 '탈춤' 연재. 이름도 바꾼다. 이제 난 심훈沈熏. 불타오르는 사람이 되겠다. 철필구락부 사건이 터진다. 기자들의 월급을 올려 달라 홀라 홀라. 당연히 잘림. 감히 사주에게 들이댔으니. 지금도 언론사 사주는 대통령도 갖고 노는 상왕.

"아빠, 구락부俱樂部가 머야?"

"클럽의 일본식 음역어."

생가 : 필경사

좋다 그럼 난 영화 만들겠다. 1927년 단성사에 간판이 걸렸다. 원작, 각색, 감독, 심훈. 무성영화 〈어둠에서 어둠으로〉. 머라. 왜놈 순사들이 들이닥쳤다. 너 댐비는 거지. 제목 바꿔라. 좋다. 〈먼동이 틀 때〉. 손님은 없고.

1928년 다시 조선일보 기자로 취직. 왔다리갔다리. 내 이력을 보니 어느새 나도 직업을 18번 바꿨다. 좌파의 숙명. 당최 현실에 적응을 못하니. 1930년 재혼. 〈조선일보〉에 불후의 명작 '그날이 오면' 발표. 다들 아시나요! 보시죠.

먼동이 틀 때

감옥에서 풀려나온 한 사나이가 어느 식당에서 밥을 먹다가 감옥에서 받아 나온 돈을 떨어뜨린다. 식당에서 일하는 여종업원의 아편쟁이 오빠가 그 돈을 주워서 달아난다. 여종업원이 돈을 마련하여 갚자 사나이는 고마움을 느낀다. 어느 날 여종업원의 애인과 그녀를 짝사랑하던 불량배 사이에 싸움이 벌어진다. 그때 감옥에서 갓 나온 그 사나이가 나타나서 여종업원의 애인이 위기에 처하자 불량배를 살해하고 그녀와 애인의 행복을 빌면서 다시 감옥으로 끌려간다.

그날이 오면, 그날이 오며는
삼각산이 일어나 더덩실 춤이라도 추고
한강물이 뒤집혀 용솟음칠 그날이
이 목숨이 끊기기 전에 와 주기만 할 양이면
나는 밤하늘에 나는 까마귀와 같이
종로의 인경을 머리로 들이받아 울리오리다
두개골은 깨어져 산산조각이 나도
기뻐서 죽사오매 오히려 무슨 한이 남으오리까
그날이 와서 오오 그날이 와서
육조 앞 넓은 길을 울며 뛰며 뒹굴어도
그래도 넘치는 기쁨에 가슴이 미어질 듯하거든
드는 칼로 이 몸의 가죽이라도 벗겨서
커다란 북을 만들어 들쳐 메고는
여러분의 행렬에 앞장을 서오리다.
우렁찬 그 소리를 한 번이라도 듣기만 하면
그 자리에 거꾸러져도 눈을 감겠소이다

'그날이 오면' 시비

이광수(1892년~1950년)
호 춘원春園. 메이지학원 편입. 와세다대학 철학과 입학. 1917년 한국 최초의 근대 장편소설 '무정無情' 〈매일신보〉에 연재. 1933년 조선일보 부사장. 1937년 수양동우회 사건으로 투옥. 병보석 출감. 가야마 미쓰로로 창씨개명. 광복 후 반민법으로 구속. 병보석 출감. 한국전쟁 때 납북. 1950년 만포에서 병사.

"아빠, 그날이 독립하는 날 말하는 거야?"

"당근."

이제 왜놈 순사가 밀착 경호한다. 공짜로. 취직도 안 되고. 책도 안 팔리고. 왜놈들이 판로를 다 차단했으니. 1932년 고향인 당진으로 낙향. 직접 초가집 설계 완공. 현판을 걸었다. 필경사筆耕舍. 붓으로 밭을 일구는 집. 부고 도착. 스승 이회영 선생 가셨음. 사인. 왜놈들한테 맞아 죽었음. 음.

"딸, 《상록수》 알지?"

"몰라."

"머라, 심훈을 모른단 말야?"

"응."

"엄마야, 《상록수》 사 와라."

1933년 이광수 《흙》 발표. 대박. 머라 친일파가. 두고 보자. 농촌운동에 헌신하던 조카가 꼬신다. 형, 계몽소설이나 하나 쓰시죠. 그러지 머. 조카인 심재영을 모델로 수원군 반월면 천곡리에서 활동하다 죽은 최용신과의 허구적 로맨스를 만든다. 보자.

영신과 동혁은 어떤 신문사 주최의 농촌 계몽운동에 참여했던 열성적인 학생들. 당연히 연인으로 발전. 동혁은 한곡리로, 영신은 청석골로 내려가 농촌 계몽 운동에 헌신. 동혁은 청년들 모아 농우회 조직. 마을 개량 사업 추진. 당연히 땅 주인의 아들이 옆구리 차고. 영신이도 예배당을 빌려 아이들에게 한글 강습을 시키지만 일제의 강요로 130명의 아이들을 80명으로 줄이고. 나머지 50명은 나무에 매달려 듣고. 그걸 본 영신은 칠판을 창문에서도 보일 수 있게 옮긴다. 영신은 청석학원을 지으려고 스스로 공사까지 하다가 학원 준공식 날 졸도.

동혁이 영신이 병문안 와 있는 동안 지주의 아들은 농우회원을 매수해 명칭을 진흥회로 바꾸고 회장이 된다. 이에 열 받은 동혁의 동생이 회관에 불을 지르고 도망가자 동혁이 대신 잡혀가고. 출옥한 동혁이 청석골로 갔을 때 영신은 이미 죽어 있다. 동혁은 장례식을 지내고 산을 내려오면서 상록수들을 보며 농촌을 위해 평생 몸 바칠 것을 다짐.

1932년 장남, 1934년 차남, 1936년 막내 심재호 출생. 우째 건사하려고 이리 많이 낳나. 좌파가. 대를 이어 고생하겠군. 1935년 '상록수' 동아일보 창간 12주년 기념 현상 공모에 당선. 장안의 화제. 상금 5백 원을 받았다. 지금으로 말하면 5천만 원쯤 되는 거액. 마누라 갖다 줬을까요? 당연히 아니올시다. 장학회에 기부. 돈은 좋은 일에 쓰라고 버는 법. 마누라는 몸져눕고. 이 웬수.

1936년 《상록수》 단행본 출간을 준비하다 장티푸스에 걸리고. 그냥 간다. 장남은 이제 5세. 두고 보자. 1950년 한국동란. 장남 월북. 역시 좌파. 그나마 막내가 버틴다. 부친의 얼굴도 기억 못하는 심재호. 부친에 이어 동아일보 입사. 1975년 언론 탄압. 이 그지 같은 나라. 도미. 동아일보 미주국장.

북한을 수시로 찾아 형을 만난다. 야, 막내야 부친의 유품을 모아라. 10년 동안 1천여 점의 유품을 사 모았다. 《상록수》의 주인공 심재영은 필경사 다시 사들여 당진군에 기부.

1984년 당진군은 쓰러져 가는 필경사 복원. 1997년 심훈문화관 건립. 연면적 10평. 막내아들 열 받았다. 10평에 1천 점을 전시한다고라. 2007년 버지니아 센터빌 자신의 집에 심훈기념관을 열었다. 이미 막내도 73세. 당진군은 빨랑 나서라. 유품 다 날아가기 전에. 국보급 친필 유품도 있고. 경제가 살아야 문화가 사나, 문화가 살아야 경제가 사나. 헷갈리네. 오늘도 필경사는 찾는 이 없어 낙엽만 뒹굴고 있나니. 오늘 몹시 춥군.
충남 기념물 제107호.

피눈물로 울다가 목이 메이도다

허난설헌 생가

어느 네티즌으로부터 멜이 왔다.

건축쟁이들은 기본적으로 현학적이고 자존심이 강하다.

하지만 저자는 글쟁이다. 기본적인 자질이 건축보다는 글쓰기가 더 뛰어나 보인다.

건축계에는 이렇듯 대중적인 사람들이 더 많이 필요하다.

여러 가지 역사적 사실들과 당시의 숨겨진 이야기들을 정말 재미있게 풀어놓은 책.

너무 바쁘군.

허엽. 본관 양천 허씨. 1546년 식년문과 갑과 합격. 천재. 호가 초당草堂 : 초가집일 정도로 청렴결백한 선비. 당시 조정은 붕당정치로 야단법석.

"아빠, 야단법석野壇法席이 먼 뜻이야?"

"한 스님이 들판에 단을 펼치고 설법을 행하니 백성들이 구름처럼 모여들었다."

1562년 동부승지지금의 건교부 국장에 오르지만 정적들의 공격으로 삼척부사지금의 삼척 시장로 먼 길을 떠난다. 둘째부인의 고향인 강릉 경포호 앞에 한옥 짓고 세월을 낚는다. 사랑채 대청마루에 앉아 안마당을 보니 아랫것들이 분주하다.

"아빠, 사랑채가 먼 말이야? 사랑을 나누는 방인가."

"아니. 아녀자들의 공간인 안채에서 별도로 떨어져 있는 남자들만의 방. 자녀들 교육시키고, 손님들 재우고 학문을 사랑하는 방."

"야, 니네들 머 하냐?"

"두부 만드는디유."

"어디 이리 가져와 봐라. 어라, 왜 이렇게 싱겁냐?"

"저희 강릉에서는 천일염이 생산되질 않아 그러하옵니다. 천일염 사오자니 너무 비싸고."

"그래! 그럼 바닷물로 간을 맞추면 되잖아. 어떠냐."

"영감님 고소한 게 아주 맛이 그만이네유. 이거 팔면 대박나겠네유."

"그러지 머. 할 일도 없는디."

"이 두부를 뭐라고 상표 등록할깝슈?"

"내 호가 뭐냐?"

"초당 아닌감유."

"알긋냐."

"아, 예."

그래 이 두부는 초당두부가 되고 허엽은 떼돈을 번다. 동네 이름도 초당동이 되고. 그래 지금 이 동네는 초당두부로 버틴다. 초당이 허엽의 호인지 알고나 드시는 건지. 이 초당동에서 딸 출산. 이 여자 아이의 이름은 초희. 초희의 호는 난설헌. 신사임당, 황진이와 함께 조선을 대표하는 3대 여류 문인.

"아빠, 난설헌蘭雪軒이 먼 뜻이야?"

"눈 속에 난초가 있는 집."

한양으로 올라온 허엽은 다시 막내 균을 얻는다. 허난설헌의 6세 아래 친동생. 부친 허엽은 경상도 관찰사를 거쳐 지구 떠나고. 청백리 녹선.

"아빠, 청백리淸白吏가 머야?"

"청렴결백한 선비에게 임금이 내린 최고의 훈장. 조선 6백년사에 청백리로 선출된 사람은 219명에 불과. 과거 급제보다 더 자랑스러운 가문의 영광."

허난설헌은 9세에 안동 김씨 김성립과 결혼. 불행 시작. 남편은 완전 졸부.

"아빠, 졸부猝富가 머야?"

"노력해서 돈을 번 게 아니고 부당한 방법으로 갑자기 큰돈을 번 사람."

"아빠, 요즘 졸부들 좌불안석이래."

"왜!"

"부동산이 반 토막 났걸랑."

"넌 신경 쓰지 마라. 반 토막 나거나 말거나. 독서나 해라. 그럼 돈은 따라오나니."

"알았어."

남편은 학문에 관심이 없고. 그나마 1남 1녀 병사. 지아비는 술집에 가고 없고. 자식들 무덤 앞에서 '곡자哭子 : 자식을 곡하노라'라는 시를

생가 : 허난설헌 생가

읊는다.

지난 해 사랑하는 딸을 잃었고

올해에는 사랑하는 아들을 잃었네

슬프고 슬픈 광릉 땅이여

두 무덤이 마주 보고 있구나

백양나무에는 으스스 바람이 일어나고

도깨비불은 숲 속에서 번쩍인다

지전으로 너의 혼을 부르고

너희 무덤에 술잔을 따르네

피눈물로 울다가 목이 메이도다

1589년 허난설헌 27세의 꽃다운 나이로 지구 떠나고. 눈 뜨고 갔다.

류성룡(1542년~1607년)
본관 풍산. 호 서애西厓. 시호 문충文忠. 이황의 제자. 1566년 별시문과 합격. 1588년 양관 대제학. 1590년 우의정. 1592년 임진왜란이 일어나자 군총사령관으로 이순신, 권율 등 명장 등용. 영의정 등극. 1598년 명나라 경략 정응태가 조선이 일본과 연합, 명나라를 공격하려 한다고 본국에 무고, 이 사건의 진상을 변명하러 가지 않는다는 북인의 탄핵을 받아 관작삭탈. 1600년 복관. 낙향 은거. 사진은 선생이 하회마을 고향에서 지내며 세운 원지정사.

유언은 이렇다. 나에겐 3가지 한이 있다.

① 조선에 태어난 거.

② 여성으로 태어난 거.

③ 김성립의 아내가 된 거.

누님 덕분에 이제 대한민국은 여성 상위 시대가 됐습니다. 편히 쉬십시오. 나도 유언장을 먼저 썼다. 나에겐 3가지 한이 있다.

① 대한민국에 태어난 거.

② 남성으로 태어난 거.

③ 딸 낳은 거.

막내 허균은 피를 토하며 학문에 정진. 부친과 누님이 이루지 못한 경지를 보여 주겠다. 조선 역사상 오누이가 글쟁이가 된 건 유례가 없는 일. 더구나 4백 년 전 호랑이 담배 피던 시절에.

허균. 누님이 떠나던 해에 진사시 합격. 1594년 정시문과 을과 합격. 부전자전. 1606년 원접사 종사관이 되어 명나라 사신 주지번을 영접하면서 명문장으로 명성을 떨친다. 1608년 누님의 시 142수를 모아 《난설헌집》 발간. 대박. 류성룡 왈.

이상하도다. 부인의 말이 아니다. 우째 허씨 집안에 뛰어난 재주를 가진 사람이 이토록 많단 말인가?

1610년 진주부사로 명나라에 가서 주지번을 만났다.

"선상님, 제 누님이 쓴 시집 한번 보실라요?"

"머야 이거. 죽이는군. 야, 반씩 먹자. 그러죠 머."

중국에서 《난설헌집》 발간. 대륙이 뒤집어졌다. 조선 조심할 것. 특히 여자. 귀국 후 시관試官 : 시험 감독관이 되었으나 친척을 몰래 참방 參榜 : 과거에 급제해 이름이 방목에 오르던 일했다는 탄핵을 받고 파직 후 전북 부안 정사암을 찾아들었다. 이제 45세. 가기 전에 책이나 하나

써야겠다. 부귀영화도 싫고.

1612년 최초의 한글 소설 《홍길동전》 탄생. 글쟁이들이 《홍길동전》을 손으로 일일이 베껴 전국에 뿌리기 시작. 신이 난 각 글쟁이들은 그대로 베끼지 않고 자신의 상상력을 불어넣고. 그래 홍길동은 날아다니고 변신을 밥 먹듯이 하게 된다. 전국 8도에 가짜 홍길동이 판을 치고. 바쁘면 구름도 타고 다니고. 더우면 비도 내린다. 누가 말리랴. 저작권법도 없던 시절. 그래 우리는 홍길동이 실제 인물이 아닌 것으로 오해하게 된다. 다시 말하지만 홍길동은 실존인물이다.

홍길동 생가

홍길동전

허균 작. 길동은 홍 판서와 시비 춘섬 사이에서 태어난 서자. 사람들의 멸시를 참지 못해 집을 뛰쳐나와 활빈당活貧黨 조직. 탐관오리와 부패한 양반들 재산 뺏어다가 가난한 양민 돕는 의적. 관군의 공격으로 조선을 떠나 율도국에 정착해 이상적 왕국 건설. 최초의 한글 소설.

그냥 처사하면 될걸. 베스트셀러 덕에 다시 권력 무대 등장. 의정부 좌참찬지금의 총리실 장관급에 이른다. 그놈의 권력이 뭔지. 나도 조심해야지. 자꾸 인세는 밀려들어오고. 난 모든 돈을 마누라에게 날리고 있다. 왜냐고! 까불까 봐. 광해군 폭정에 항거해 하인준 등과 반란을 계획하다 탄로되어 1618년 참형. 집안 몰락. 왜 또 나서 가지고.

"아빠, 《홍길동전》 원본 어딨어? 보러 가게. 국립도서관에 있나."

"아니 프랑스 국립도서관에."

"왜 프랑스에 가 있는 거야?"

"1866년 프랑스군이 훔쳐 갔걸랑."

"손 볼 놈 많네."

"응."

버려져 있던 초당동의 폐허 허난설헌 생가를 2천 년 대한민국 건축계의 대부 이광노가 사들인다. 어느 날 생가를 찾으니 어느

허난설헌, 허준기념관

새 입간판은 이광노 가옥으로 바뀌고. 문화재 자료 제59호.
2005년 홍길동 원조 논쟁이 벌어졌다. 홍길동의 고향인 장성과 홍길동전의 저자 허균의 생가가 있는 강릉 간의 치열한 싸움. 장성 판정승. 장성에 이미 <u>홍길동 생가</u> 복원, 홍길동 테마파크 건립.
열 받은 강릉시는 허난설헌 생가를 비롯한 주변 1만 3천 평 22억에 매입. 7억 투입해 <u>허난설헌, 허준기념관</u> 건립. 테마파크 건립 착수. 이광노 선생은 강릉시에 되팔면서 차익 많이 남기셨나 모르것다. 기부하셨으면 보기도 좋겠지만.

근·현대 건축

역사와 문화를 담아내는 삶의 그릇으로 태어나다

강화성공회성당
공세리성당
돌마루공소
이월성당
전동성당
풍수원성당
나바위성당
호텔 라궁

시작도 없고 끝도 없다 **강화성공회성당**

버스 2대로 전라도 투어를 다녀왔더니 항의 멜이 왔다.

작가님, 추운 날 잘 들어가셨나요? '자녀와 동반 우대'라는 인터파크의 초대 글귀를 보고 건축의 '건' 자도 모르는 엄마인 저와 아이가 쉽고 재미있는 건축물, 그것도 국보 건축물 이야기 한 자락을 들을 수 있을 것 같아 정말 힘들게(회사의 눈치 봐가면서 어렵게 얻은) 휴가를 내어 아이와 손을 잡고 새벽같이 집을 나섰습니다.

하지만 솔직한 후기를 쓰자면, 왕복 10시간을 버스에 투자하면서 얻은 몸의 피로감보다 마음의 실망감이 저를 더 맥 빠지게 했습니다. 다행히 금산사에서의 따스한 차 대접과 스님의 잔잔한 이야기가 다소 마음의 위로가 되었네요.

"책에 다 있다"는 성의 없는 말씀 대신 그 책을 사 보고 싶게 하는 동기를 유발해 주셨더라면 하는 아쉬움이 남습니다. 따님을 데리고 가기 전에는 일주일 전부터 공부를 하신다는 분이 하물며 60명, 120개의 눈망울이 선생님을 따라가는데 책 속 이야기 한 자락 풀어 놓지 않는 인색함에 놀랐습니다. 금산사도 그렇고 특히나 망모당에는 그 많은 사람을 왜 데려가셨는지. 척박하지만 고고했던 선비정신을 보여 주시려고요? 책에서는 얼마나 많은 이야기를 들려주실지 궁금하기에 인터넷 서점에서 구매하겠습니다. 책을 읽지 않고 간 뻔뻔한 독자의 '작가와의 만남' 후기였습니다. 그래도 촌철살인 말씀 하나는 건졌습니다.

"부모가 똑바로 가라!"

건축은 마음으로 느끼는 거걸랑요. 엄마가 자녀와 함께 건축여행을 다닌 것만으로도 난 성공한 것임. 억지로 시간 내지 마시고 습관처럼 다니세유. 직장은 시간 내서 억지로 다니시고요. 선후가 바뀐 삶들을 사니.

1세기 중엽 로마 교황청이 영국 점령. 교회뿐 아니라 영국의 정치, 경제는 교황청의 식민지가 된다. 영국 왕은 교황의 충실한 충복. 1,500년간 참는다. 두고 보자. 이를 간다. 영국이 로마의 식민지라고나. 헨리 8세는 캐서린 왕비가 맘에 안 든다. 교황청 법에 의하면 이혼은 안 되고. 그래 교황 클레멘스 7세에게 결혼 무효 소송을 낸다. 이혼 소송이 아니고 무효 소송이다. 머리 좋다. 당연히 거부. 그럼 독립이다. 1534년의 일. 이게 성공회다.

천주교와 성공회가 다른 점은 천주교 신부는 결혼할 수 없지만 성공회 신부는 결혼할 수 있다. 다른 건 같다. 로만 칼라도 같고. 결혼하기 위해 로마 교황청으로부터 독립. 아니 영국의 독립을 위해 결혼을 선택한다. 헷갈리네.

"아빠, 흰색 로만 칼라를 목에 착용하는 이유가 머야?"

"독신의 정결을 상징하는 거야."

1889년 대한민국이 곧 뜰 거라는 소문을 들은 에드워드 벤슨 캔터베리 대주교는 존 코프 신부를 초대 조선교구장으로 임명한다.

"근디 대주교님, 조선이 어디 붙어 있는 나라인감유?"

"몰라 인마. 중국 근처에 있을걸."

"갈 차비가 없는디유?"

"야, 너도 이제 주교니까 네가 알아서 가."

존 코프 신부1843년~1921년는 영국 옥스퍼드 대학교를 나온 영재. 1867년 군종 사제. 전 세계를 돈다. 가난한 나라만. 1890년 의사 랜디스와 와일스, 간호사 수녀 2명 대동. 싱가포르, 홍콩을 거쳐 제

근·현대 건축 : 강화성공회성당 229

물포항에 내린다. 배 타고 가다 허리케인 만나 물에 빠져도 보험처리 안 되는 거 아시죠?

인천 중구 송학동에 병원을 차렸다. 성누가병원. 선교는 좀 있다 하고. 인천 최초의 병원. 환자는 밀려들고. 말은 안 통하고. 머 이렇게 말이 어려운 거야. 중국어를 비롯해 5개 국어에 능통한 존 코프 신부도 한국어만은 노 생큐. 바디 랭귀지로 버틴다.

1891년 드디어 서울 공략. 지금의 정동 성공회대성당 뒤편 수학원 구입.

서울 성공회대성당

"아빠, 수학원修學院이 머 하던 데야? 학원인가?"

"왕족과 명문가 자제에게 신학문을 가르치던 학교."

그래 30평 규모의 쓰러져 가는 한옥은 강림성당이 된다. 대한민국 최초의 성공회성당.

"아빠, 강림降臨이 머야?"

"하느님의 아들 예수가 인간의 형상으로 이 세상에 태어난 거."

서울은 이미 천주교와 기독교가 점령한 상태. 1896년 강화도에서 첫 세례자가 나온다. 잘됐다. 좀 에둘러 가자. 1899년 강화도로 나간다. 이미 철종의 모친 용성부대부인 염씨가 순교한 땅. 그래 조선 25대 왕 철종의 잠저인 용흥궁 인접한 언덕을 사들이고 성당 건립에 나선다.

건축 총 책임자는 제2대 주교 터너. 명동성당은 고딕으로 갔는데 우린 로마네스크로 갈까. 어차피 한옥에서 시작한 거. 그냥 한옥으로 간다. 당시 기독교 목사 아펜젤러가 비난한다.

"절은 지옥에 갈 자들이 지옥에 간 자들을 섬기는 곳이다."

그 친구 몰라도 한참 모르는군. 종교라는 건 그 지방의 토속적인 문화를 이해하는 데서 출발해야 돼. 여기가 독일이냐! 만날 하늘을

명동성당
1882년 제7대 교구장 블랑 주교 성당 터 매입. 1892년 착공식. 코스트 신부가 성당 설계와 공사 지휘 감독. 코스트 신부 1896년 선종. 프와넬 신부가 성당 건축 마무리짓고 1898년 조선 교구장 뮈텔 주교의 집전으로 축성식. 길이 69미터, 너비 28미터, 지붕의 높이는 23미터. 서울 대교구 주교좌성당. 사적 제258호.

아펜젤러

Henry Gerhard Appenzeller. (1858년~1902년) 펜실베이니아 주 손더튼 생. 원래는 장로교 신자였는데, 1876년 감리교로 옮겼다. 프랭클린마샬대학교 거쳐 드류대학교 신학부 졸업. 1885년 한국에 와 한국선교회 창설하고, 배재학당 설립. 1902년 목포에서 열리는 성경번역자회의 참석차 배를 타고 가다가 군산 앞바다에서 충돌 사고로 익사.

찌르게. 한양에서 제일 집을 잘 짓는다는 도편수 스카우트. 경복궁 중건에 참여했던 국보급 스타. 중국인 돌쟁이도 스카우트해 오고.

"주교님 적송이 필요한디유?"

"그게 어디 있는데!"

"백두산에 가면 구할 수 있을걸요."

터너 주교는 나무 구하러 백두산 간다. 동해물과 백두산이 마르고 닳도록. 두만강에서 소나무를 뗏목에 실어 서해 바다로 끌고 나와 강화 앞바다 건너 강화읍까지 실어 나른다. 동력선 없던 시절. 바람 따라 흘러간다. 족히 6개월 걸린다. 세월 다 가네. 나무 말리는 데 또 6개월. 2대 주교 터너는 1900년 과로로 지구 떠나고. 유언은 이렇다. 나 다시는 한옥 안 지을 거야.

3대 주교 트롤로프가 이어받는다. 솟을대문 세우고 문에는 태극문양을 그려 넣는다. 이름하야 일주문. 그래 불교와 성공회는 2개가 아니야, 뭐 이런 거다. 다음은 해탈문. 그래 깨달음도 2개가 아니지 아마. 종교를 넘나든다.

해탈문 지나니 범종. 범종은 사람을 깨우고. 이 종은 1945년 왜놈들이 대포 만든다고 훔쳐 간다. 내 이 못된 놈들을. 그래 지금 있는 이 종은 1989년 버전. 좋다. 부처님과 주님이 함께한다. 이제 한옥이다. 평면은 바실리카 양식.

"아빠, 바실리카 양식이 머야?"

"고대 로마 법정에 사용하던 건축 양식으로 전체 평면은 직사각형이고 중앙에 본당인 네이브를 두고 좌우 측면에 복도인 아일을 두는 평면 양식."

그래 정면은 네 칸이다. 좌우 1칸은 복도고 가운데 2칸이 신자석. 원래 우리 한옥은 정면이 홀수라야 되지만 형식이 뭐 그리 중요하랴.

하나가 되면 됐지. 기둥에 세로로 한문으로 새겨진 주련柱聯:한옥의 기둥이나 벽에 새겨진 글씨 좀 음미해 보자.

처음도 끝도 없으니 형태와 소리를 먼저 지은 분이
진실한 주재자이시다
임을 선포하고 의를 선포하니 이에 구원을 밝히시니
큰 저울이 되었다
삼위일체 천주는 만물을 주관하시니 참 근본이 되신다
하느님의 가르침이 두루 흐르는 것은 만물과 동포의 즐거움이다
복음을 널리 전파하여 백성을 깨닫게 하니 영생의 길을 가르치도다
이거 도대체 누가 쓴 거야. 도사가 곳곳에 널려 있으니. 무시무종無始無終이라. 세상 참 험난하구나. 시작도 없고 끝도 없다고나.

"딸아, 너 수녀 해라."

"수녀 되려면 어떤 과정을 거치는데?"

수녀 되는 방법. 1년간 지원기 과정. 1년 내내 걸레질. 청소 잘하면 다시 1년간 청원기. 이번엔 설거지. 설거지 잘하면 수련기. 다시 1년간 심부름. 심부름 잘하면 6년간 유기 서원기. 파견 근무 나간다. 성당에 가서 6년간 신부님 보조. 병원으로 알바 나가도 되고. 9년 버티면 이제 수녀.

"됐걸랑. 아빠! 나 의상 디자이너 할 거야."

"아님 말고."

난 내 딸이 속세에 부대끼는 게 싫은데. 그게 내 맘대로 되나. 30년 전 나 역시 부친 따라 여길 방문한 적이 있다. 아마 비슷한 말씀을 하신 거 같은데 그걸 못 알아듣고 모진 풍파를 겪고. 이제 아버님은 떠나시고. 다시 19세 딸을 데리고 와 똑같은 말을 하고 있으니. 나 원 참. 돌고 도는군.

관리인을 꼬드겨 안에 들어가니 그야말로 눈물이 난다. 110세의 백두산 적송이 뿜어내는 연륜. 무시무종. 양 측면 회랑을 구분하는 사각 기둥이 솟구쳐 오르며 중층을 만들어 햇빛을 끌어들이고. 바실리카면 어떻고 한옥이면 어떠랴. 다 떠나야 할 것을. 화강암 성수대에는 이렇게 쓰여 있다.

사제관

중생지천重生之泉

거듭나는 샘물

끝이 없군. 아, 단아함이여! 성당 뒤쪽의 사제관은 원래 주교관으로 1903년 세워질 때는 'ㄷ' 자형의 한옥이었지만 1984년 기와 교체 공사를 하다 불에 타 1986년 새로 지은 건물. 1981년 경기도 지방유형문화재로 지정되었다가 2001년 국가 사적으로 업그레이드.

지나가던 스님이 한마디 하신다. 완전 반야용선이군.

"아빠, 반야용선般若龍船이 머야?"

"극락정토 갈 때 타는 배."

"전 세계의 성공회 신자는 몇 명이나 돼?"

"7천만 명."

"우리나라 신자는?"

"6만 명."

가도 가도 끝이 없는 길 **공세리성당**

1658년 파리외방전교회 설립. 목표 아시아 점령. 특히 조선은 블랙리스트에 올랐다. 공자를 나라의 스승으로 모신 전 세계 유일의 선비 나라. 21세기에 전 세계를 들었다 놨다 할 가능성이 있으니 선점해 둘 것.

1825년 조선에서 편지가 왔다. 신부님 좀 보내 주서유. 초청장도 왔겠다. 교황이 파리외방전교회에 전화. 브뤼기에 주교는 조선으로 가라. 총사령관에 임명하노니. 단 조선의 문화, 관습, 정치에 관여하지 말 것. 다침. 근디 조선이 어디 있는 나란가. 세계지도를 펼쳤다. 중국에 붙어 있는 소국이군. 나 찍혔나. 이런 오지로. 나 원 참. 우마차 타고 파리 출발. 시베리아를 횡단하는 고난의 길. 가도 가도 끝이 없는 길. 3년 만에 만주 도착. 항구에서 조선을 바라보며 소천.

사인. 과로사.

앵베르 주교 제2대 총사령관 취임. 난 배 타고 가야지. 시베리아 횡단하다 죽을 가능성이 있으니. 1837년 중국 산둥성 도착. 야밤에 배 타고 백령도 상륙. 신자들이 마중 나왔다. 작은 목선 타고 제물포항 입국. 걸리면 사형이니. 앵베르 주교의 전공은 하느님 사랑. 부전공은 의학. 청진기로 백성들 치료 시작. 난리가 났다. 한의사들은 굶어 죽게 생겼고.

1895년 에밀리오 드비즈 신부 입국. 서울은 이미 신부들로 넘쳐 나고. 어디로 가지. 신자에게 물었다.

"조선의 물류 중심지가 어디냐?"

"충청도인디유. 특히 아산은 사통팔달."

"가자."

아산시 인주면 공세리 도착.

"야, 이 마을 이름이 왜 공세리냐?"

"이 동네에 세금을 거둬들이는 창고인 공세창貢稅倉이 있걸랑요."

"물 좋은 동네군. 잘됐다."

마을 초가집을 구입해 성당을 열었다. 1906년 한 청년이 찾아왔다.

"자네 이름이 먼가?"

"이명래인디유."

"올 몇인가."

"17세인디유. 신부님 수발을 들고 싶습니다."

"그러지 머."

신부님 밤에 독서 삼매경.

"신부님, 지금 읽고 있는 책이 먼 내용인감유."

"약용식물도감."

"저 좀 빌려 주십시오."

"그러지 머."

집으로 돌아온 이명래는 책을 한 줄도 읽지 못했다. 라틴어로 쓰여 있으니. 라틴어 공부에 날밤 샌다. 고등학교 성적은 꼴찌. 신부님을 쫓아다니며 약 제조법 전수받고. 음 간단하군. 소나무 뿌리를 태워 기름을 뽑고 여기다 국산 약재를 섞었다. 고름을 단박에 뽑아낸다. 신약 탄생. 신부님 한국 이름을 따 특허 등록. '성일론 고약'.

신부님 그 특허 저 주시면 안 될랑가요. 허긴 신부가 장사를 할 수도 없고. 그래라. 1906년 이명래는 아산읍으로 나가 간판을 걸었다. '이명래 고약'집. 대박. 전국 팔도에서 환자들이 몰려들었다. 왕실에서도 찾고. 돈방석에 올라앉은 이명래는 수익의 10퍼센트를 공세리

이명래 고약

성당에 헌금. 매달. 나도 어렸을 때 이거 줄창 붙이고 다녔다. 만병통치약.

온양의 사업가가 신부님을 찾았다.

"신부님, 수맥 찾는 데 귀신이라는 소문 듣고 왔습니다. 온천 하게 물 좀 찾아 주십시오."

"그러지 머."

막대기에 추를 달고 수맥을 찾아 나선 우리 신부님. 가는 곳곳 온천수가 쏟아져 나왔다. 대한민국 수맥 찾기의 선구자 등극. 전국에 5백여 개의 온천과 지하수를 찾아냈다. 대박을 낸 온천 주인 당연히 10퍼센트 헌금. 매달. 돈을 마대자루에 담은 신부님 아산 관헌 방문. 공세창이 있던 언덕 전체 구입. 성당 지어야지.

서울 중림동 약현성당을 찾았다. 1891년 건립한 대한민국 최초의 성당. 언덕 위에 지었군. 신고딕이군. 적벽돌은 구조재고 회색 벽돌로 모양을 냈군, 가자. 명동성당 도착. 같군. 내려가자.

"아빠, 고딕 건축은 어디서 시작한 거야?"

"13세기 프랑스에서."

"왜 고딕은 첨탑이 하늘을 찌르는 거야?"

"하느님께 가까이 가고 싶어서."

"그럼 신고딕은 머야?"

"18세기 영국에서 유행한 건축 양식. 13세기의 고딕으로 돌아가자는 정신운동."

신부님은 베이징으로 건너갔다. 조선엔 조적공이 없으니. 목수는 넘쳐 나지만. 중국 조적공과 함께 공세리 도착. 중앙에 네이브를, 좌우에 아일을 놓고 벽돌을 쌓아올렸다. 간단하군. 첨탑을 올렸다. 끝. 원래 명작은 단순한 법. 졸작은 장난을 많이 치고.

약현성당

천주교는 1831년 중국 북경교구로부터 조선교구로 독립. 정가밀로 신부 1877년 중림동의 대지 구입. 1891년 약현성당 기공식. 중림동 약현藥峴의 명칭은 원래 만리동에서 서울역으로 넘어오는 고개에 약초밭이 많아서 붙여진 이름. 명동성당을 설계한 코스트 신부가 설계. 1892년 완공. 길이 32미터, 폭 12미터, 종탑 높이 22미터의 120평 규모. 사적 제252호. 1998년 술 취한 한 행려자의 방화로 소실. 2000년 중건. 사적 제252호.

황새바위 순교 성지

1784년 이존창이 충청도에 천주교를 전파하면서 마지막 순교자를 낸 1879년까지 이곳 황새바위는 수천 명의 천주교도들 사형터. 1980년 이 회한의 도시 공주에 부임한 젊은 신부는 황새바위를 찾아내 성지 작업 착수. 1981년 김원의 설계로 축성식. 설계비는 한금. 공산성 정문 앞에 있어유. 들러 보서유.

"아빠, 네이브가 머야?"

"중앙의 중심 되는 예배 공간."

"아일은?"

"좌우의 복도."

1922년 공세리성당 축성식. 대한민국 아홉 번째 성당. 이제 천주교의 중심지는 충청도가 된다. 전국에서 각종 박해로 순교한 천주교도는 1만여 명. 그중 7천 명 정도가 충청도 백성일 정도로 성스러운 동네. 그래 공주의 천주교도 사형터 황새바위는 순교 성지가 되고. 그래 계속 죽여라. 넌 안 죽냐. 뭐 이런 거다.

"아빠, 전 세계의 천주교 신자는 몇 명이나 돼."

"10억 명."

"그래서 교황의 힘이 센 거구나."

"응."

"우리나라 천주교 신자는 얼마나 돼?"

"5백만 명."

"장난이 아니군."

"응."

전동성당
1889년 프랑스의 파리 외방전교회 보드네 신부가 성당 부지 매입. 원래 이곳은 전라감영이 있던 순교지. 1908년 프와넬 신부의 설계로 건물 완공. 호남 지방의 서양식 근대 건축물 중 가장 규모가 크고 오래된 건축물. 사적 제288호.

공세리성당이 배출한 순교자는 32명. 센 성당. 아무리 죽여 봐야 소용없다. 주님에게 먼저 가는 게 영광이니. 대원군 후손들은 이 성당을 찾아 참회하시길.

2006년 '태극기 휘날리며'의 강제규 감독은 전주 전동성당을 찾았다. 임시 야전병원 장면. 주임신부 거부. 머라 신성한 성지에서 딴따라가. 열 받은 강 감독은 공세리성당을 향했다. 주임신부 대환영. 2년 전엔 '신부 수업'도 여기서 찍었걸랑요. 성지가 머 별건감유. 국민의 사랑을 받는 게 중요하지. 4천 명의 신부님 중에도 보수가 있고 진보가 있는 법. 대박. 1천만 명 동원. 더불어 공세리성당도 대박 나고. 전동성당 주임신부는 드러누웠다. 우째 이런 일이.

1984년 천주교 200주년을 기념해 교황 바오로 2세 김포공항 도착. 방한 일성은 이렇다. 공자 가라사대.

유붕자원방래 有朋自遠方來 벗이 있어 멀리서 찾아오니

불역낙호 不亦樂乎 이 또한 즐겁지 아니한가

세군.

"아빠, 교황이 왜 논어를 들먹여. 성경구절을 얘기해야 하는 거 아니냐?"

"종교엔 국경이 없걸랑."

절두산 순교 성지에서 103위 시성식 집도. 103명의 순교 성인 중 파

위 : 삽교천
아래 : **절두산 순교 성지**
1866년 대원군은 서울 합정동 이 곳 잠두봉에서 2천 명의 목을 친다. 그래 아예 이 언덕은 목을 자르는 산인 절두산切頭山으로 개명. 천주교 측은 1956년 이 절두산을 구입해 성지화 작업 착수. 1966년 이희태의 설계로 순교 성당 축성식. 1984년 103위 시성식이 열리면서 세계적인 명소 등극.

리외방전교회 소속 신부는 10명. 감사합니다. 대한민국은 은혜를 저버리지 않는 선비의 나라. 1975년 최재선 주교 한국외방전교회 설립. 1981년 김동기 신부 파푸아뉴기니로 출발. 아프리카 점령 중. 이렇듯 사랑은 돌고 도는 법. 여러분 돈 좀 돌리시죠. 애들 다치기 전에.

"딸, 삽교천에 가서 바지락 칼국수 먹고 가자."
"여기서 가까워?"
"20분 거리."
"아빠, 왜 삽교천 방조제가 유명한 거야?"
"박통이 1979년 10월 26일 방조제 준공 테이프 끊고 궁정동에서 시바스 리갈 먹다가 총 맞고 갔걸랑."
바지락 칼국수 5천 원. 시원하군.
"아빠, 이 바지락 국산이야?"
"아니 중국산."
"죄다 중국산이군."
"응, 그러니까 너는 인문학적인 직업 가져라. 인문학은 우리가 세걸랑."

돌마루공소

이슬을 밟는 집

염라대왕 앞에는 우리의 수명을 나타내는 촛불들이 켜져 있다. 내 촛불이 꺼지는 날이 바로 불려 가는 날. 어느 날 염라대왕이 실수로 재채기를 하는 바람에 졸지에 세 사람이 끌려왔다. 실수를 인정한 염라대왕은 영문도 모른 채 불려 온 세 사람에게 다시 세상으로 보내 줄 테니 어떤 사람으로 태어나고 싶으냐고 물었다.

부잣집 아들과 고관대작의 아들로 태어나고 싶다는 두 사람의 소원을 들어준 다음 세 번째 사람인 의사에게 물었다. 그러자 그는 부귀영화는 다 필요 없고 그저 아름다운 산속에서 아무런 근심 걱정 없이 살 수 있게 해달라고 청했다. 그러자 염라대왕 열 받았다.

"야, 인마. 그런 데가 있으면 내가 가지, 널 보내겠냐?"

"아, 예."

"머리 박아."

승효상. 1952년 생. 나보다 8세 많군. 부산 생. 경남고등학교. 서울대 건축과 졸. 석사. 화려하군. 1975년 '공간' 입사. 역시 스타가 되려면 박봉에 날밤 새우는 아틀리에에서 시작해야 하는 거 아시죠. 우리 시대의 명작 양덕성당의 수석 디자이너. 20대에. 너무 힘들다. 카리스마 김수근에게 밀린다. 월급도 밀리고. 1978년. 양덕성당 납품도 끝나고. 27세.

"선상님 저 나갈래유."

"추울 텐디."

어라, 안 붙잡네. 입사 동기 방철린과 엑서더스. 국제 엔지니어링 입사. 월급은 더블. 맡지는 프로젝트마다 취소. 머야 이거. 춥군. 다시 들어가야지. 1979년 공간 재입사. 김수근 선생은 다시 이 시대의 명작 경동교회를 맡긴다.

1986년 김수근 선생 서거. 유언은 이렇다. 효상아, 빚이 30억 있으니 열심히 벌어서 갚아라. 머라고나. 장세양 선배에게 공간 맡기고 1989년 15년 만에 탈출. 독립. 사무실 이름은 '이로재'.

"아빠, 이로재履露齋가 먼 뜻이야?"

"이슬을 밟는 집."

1990년 4.3그룹 결성. '빈자의 미학' 선언. 가난한 자의 공간. 골목길로 가득한 미로의 건축. 침묵과 절제의 건축. 첫 작품은 1993년 완공된 유홍준의 집 수졸당.

"아빠, 숭례문 불탈 때 유럽에서 놀고 있던 문화재청장이 유홍준 아니야?"

"맞아. 딸·벼슬하지 마라."

"알았어."

위 : 공간 사옥(김수근)
아래 : 경동교회(김수근)

방철린(1948년~)
한양대 건축과 졸업. 공간연구소와 정림건축 거쳐 1991년 인토건축 설립. 2006년 칸građ건축 대표. 한국건축역사학회 이사. 한국건축가협회 부회장 역임. 현재 한양대, 건국대 건축대학원 출강. 대표작으로 '미제루', '탄탄스토리하우스'가 있다.

양동마을
경주시 북쪽 설창산에 둘러싸여 있는 유서 깊은 양반마을. 한국 최대 규모의 대표적 조선시대 동성취락. 경주 손씨와 여강 이씨의 양 가문에 의해 형성된 토성마을. 손소와 손중돈, 이언적 등의 명공 배출. 중요 민속 자료 12점과, 도 지정문화재 7점이 있다. 중요 민속 자료 제189호.

난리가 났다. 바글바글한 도심에 인문학적인 건축을 지었으니. 이제 불혹에 스타 건축가 등극. 어라 큰일은 안 주네. 경기고등학교 안 나와서 그런가.

"아빠, 수졸당守拙堂은 먼 뜻이야?"

"스스로 자신의 낮음을 지킨다."

"그거 양동마을에 있는 집 이름 아니야?"

"당근."

1994년 당진군 정미면의 한 신부님이 찾아오셨다.

"싼 것도 하시나요?"

"그럼요. 제가 원래 작고 싼 거 전문이걸랑요."

현장을 찾았다. 다 논이군. 작은 산 아래 양지바른 900평. 주위에

큰 건물이라곤 정미소뿐. 허허벌판. 5백 미터 전면에 서울로 가는 국도. 바글바글. 확보된 공사비는 2억 2천. 필요한 연면적은 150평. 어라 그럼 당시 평균 평당 공사비의 딱 반값인 150만 원이네.
좋다. 노출 콘크리트로 프레임 만들고 블록을 채우겠다. 국도의 소음과 시각을 차단하는 높이 3미터 길이 57미터의 가벽 설치. 너무 답답한가. 큰 사각 구멍을 뻥뻥 뚫었다. 됐군. 난 아무것도 하지 않겠다. 절제. 신자들이 만들어 가는 건축을 제안하겠다. 3면에 가벽을 세우고 안마당을 만들었다. 좋군.
4면에 콘크리트 포장된 보도를 만들고 그 안에 흙으로 덮인 작은 안마당을 살렸다. 레벨차를 이용해 오르락내리락. 역시 건축은 비어 있는 거야. 형태 갖고 장난치는 건 소인들 짓거리. 대인은 자고로

안마당을 잘 꾸며야 된다니깐. 신부님이 오셨다.

"성당은 언제 만드남유?"

"이제 해야죠."

싼 설계비와 공사비 탓에 더 말은 못하고. 안절부절. 애들아 근처 정미소 사진 몇 장 찍어 와라. 난 토착적인 건축을 하겠다. 신자들이 항상 보아 온 모양. 친근한. 근처 정미소 사진 도착. 좋네. 그대로 지어라. 머라고나.

거대한 상자 완성. 무표정한 정미소. 낮은 경사 지붕을 덮었다. 음 멋있군. 전면에 옥외 계단을 붙여 2층 성당으로 진입하는 게 그나마 유일한 볼거리. 건축이 머 별건가. 딸, 아빠가 노래 하나 불러 줄게. 웅. 김현식의 '골목길'.

골목길 접어 들 때에

내 가슴은 뛰고 있었지

커튼이 드리워진

너의 창문을

말없이 바라보았지

수줍은 너의 얼굴이

창을 열고 볼 것만 같아

마음을 조이면서

너의 창문을

말없이 바라보았지

"선상님, 성당 안이 너무 어두운 거 아닌감유?"

"좀 그렇죠. 애들아 블록 몇 장씩 빼라. 아리아리한 빛 들어오게."

"글구 십자가는 지붕 위에 올리면 안 되남유?"

"안 됨. 여기 정미소걸랑요."

입구 옆에 조용한 십자가 설치. 끝. 신부님 드러누웠다. 머라. 우리 공소가 정미소라고나.

"아빠, 공소公所가 머야?"

"신부님이 상주하지 않는 작은 성당."

"근데 왜 공소 이름이 돌마루야?"

"뒷산에 마루 같은 돌이 있걸랑."

오늘 가보니 노출 프레임과 콘크리트 블록에 전부 백색 수성페인트 덧칠. 죽이는군. 허긴 관리가 어려웠겠지. 그래 빈자의 미학은 백색의 미학으로 변신. 당진 천안 간 4차선 도로가 새로 뚫리면서 돌마루공소 전면의 국도는 쓸쓸한 지방도로 전락. 조용.

2005년 전 재산 털고 은행 융자받아 혜화동에 이로재 사무실 겸

네이버 지식인의 서재
_ 건축가 승효상

승효상(1952년~)
부산 생. 서울대 건축과 학사, 석사. 김수근에 사사. 1989년 이로재 설립. 2002년 미국 건축가협회 명예회원. 2001년 현대미술관 올해의 작가상. 저서로 《지혜의 도시 지혜의 건축》, 《건축, 사유의 기호》. 대표작으로 '웰콤시티사옥', '수졸당'이 있다.

자택 마련. 지하는 검도장. 오래 살아야지. 스승이 55세에 갔으니. 불안. 대한민국에서 자체 사옥을 가진 건축가는 손가락 꼽을 정도.

2008년 베이징에 이로재 지점 개설. 6만 평을 주물럭거린다는 전언. 대한민국은 큰일을 안 주니. 이제 승효상 57세. 대한민국 최초로 부와 명예를 동시에 거머쥐는 장면을 보고 싶다. 그래야 국내산 후학들이 용기를 낼 거 아니냐. 2007년 파라다이스상 수상. 상금 4천만 원. 이제 우리나라도 건축가가 머 하는 사람인 줄 아는군. 네이버에 검색어 승효상을 쳤다. 머야 이거. '건축가 승효상의 서재'라고나. 1백 권. 이중 건축 책 보자.

① 《건축의 복합성과 대립성》, ② 《건축이란 무엇인가》, ③ 《도시의 건축》, ④ 《김봉렬의 한국 건축 이야기》, ⑤ 《건축에게 시대를 묻다》, ⑥ 《행복의 건축》, ⑦ 《마천루》, ⑧ 《건축은 예술인가》, ⑨ 《사람 건축 도시》, ⑩ 《프랭크 로이드 라이트》 10권. 이건 다 읽었고. 다행.

"엄마야!"

"또 책 사 오라고요?"

"응."

"이번엔 몇 권이에요!"

"90권."

"그중에 읽은 책 없어요?"

"딸이 읽어야 되니."

"음."

승효상이 왜 스타가 됐나 했더니. 역시 독서의 힘이군. 아셨죠.

근·현대 건축 : 돌마루공소

시간의 흐름을 관조하는 건축 — 이월성당

원대연. 해주 생. 본관 원주. 단일 성. 조선시대 문과 급제자 63명 배출. 인구 10만으로 274개 성씨 중 51위. <u>생육신</u> 원호를 배출한 명문가.

원호 호 무항霧巷. 안개 낀 거리. 뽀얀 세상. 지금도 그렇고. 1423년 식년문과 급제. 문종 때 집현전 직제학.

"아빠, 집현전集賢殿은 먼 뜻이야?"

"현명한 사람들이 모여 있는 집."

수양대군이 칼을 휘두르기 시작하자 사직. 고향 원주로 내려가 은거. 이 그지 같은 세상. 단종 떠나자 영월에서 3년 시묘. 수양대군 전화가 왔다. 수고했다. 야, 너 호조참의 해라. 지금의 건교부 차관보. 가문의 영광. 됐걸랑요. 부인은 몸져눕고. 조용히 간다. 그래 역

생육신生六臣
조선 세조가 단종으로부터 왕위를 탈취하자 세상에 뜻이 없어 벼슬을 버리고 절개를 지킨 여섯 사람. 김시습, 원호, 이맹전, 조려, 성담수, 남효온. 사진은 무량사의 김시습 부도.

사에 이름을 남겼고. 우린 그의 이름만 들어도 무릎을 꿇는다.
원대연의 부친은 고등학교 선생님.
"아빠, 선생님이 먼 뜻이야, 먼저 태어난 사람인가?"
"아니. 모든 걸 알고 있는 사람."
4남 2녀 중 장남. 막내는 신부. 독실한 천주교 집안. 외삼촌은 사회주의자. 초등학교 1학년 때 한국동란. 광주로 피난. 전쟁 후 서울 명동에 정착.

홍익대학교 건축과를 졸업한 원대연은 국내에서 세 손가락에 꼽히는 투시도의 달인. 안영배건축연구소에서 10년간 수련. 물론 박봉. 엑소더스. 롯데호텔 신축건축본부로 간다. 큰 세상 구경 좀 하자. 당시 최고층 건물인 롯데호텔 설계 담당. 돈 좀 벌어 보자. 37층. 연면적 수만 평. 머야 이거. 일본에서 도면 도착. 외우는 것부터 시작. 일본에서 롯데 회장이 왔다. 브리핑 원대연. 이유. 도면을 전부 외우고 있는 유일한 인물. 회장님 뿅 간다. 머리 좋군. 디자인 감각도 궁합이 맞고. 회장과 전 세계 투어. 롯데호텔 구관 완공 후 퇴사. 위대한 스타 김수근의 '공간 건축'으로 갈까. 독립할까. 전화가 왔다.
"어이, 원군."
"예, 회장님."
"인테리어가 맘에 안 드는데 바꾸지?"
을지로에 〈플러스〉 설립. 호텔 전체를 다시 검토. 목표. 시간에 쫓기며 서두른 오픈 때문에 부족했던 부분 찾아내 고치기. 대박. 이제 롯데 신 회장의 오른팔. 다시 롯데호텔 신관 인테리어 착수. 세계 굴지의 경쟁자들을 제치고 수만 평 혼자 처리. 인테리어 원칙. 세계 최고급 디자인 명품 만들기. 대치동으로 이사. 다음 작품 잠실 롯데월드 설계 착수. 대박. 순식간에 직원 70명의 대한민국 최대 규

모의 인테리어 사무실이 된다. 대치동에 땅 구입해 사옥도 짓고. 1987년 건축 전문잡지 〈플러스〉 창간. 건축계에 도움이 되는 정보를 주겠다. 그래 플러스고.

1997년 원대연은 현실이 지겹다. 만날 반복되는 일에 치이고. 월급날에는 몇 억씩 나가고. 지금 내가 왜 살고 있는 거지. 내가 정말 원하는 건 뭘까? 올라가면 내려와야 하는 법. 전국의 땅을 보러 다닌다. 진천군 이월면 미잠리가 맘에 든다. 이곳 지형이 누에머리를 닮았다. 그래 미잠리美蠶里고. 마침 와이프 호도 상촌. 뽕나무 상촌 자다. 뽕나무가 사는 시골. 좋다. 1만 평 구입. 주택 건립 시작. 낙향.

오늘 부로 사무실 문 닫는다. 머라고요. 일이 밀려 있는디유. 돈도 싫다. 3개월 치 월급을 더 주겠다. 낼부터 일자리 알아봐라. 끝. 아예 이월면으로 보따리 싸서 내려간다. 이원아트빌리지 건립에 나선다. 왜 만날 남의 것만 만들어 주냐. 내 것도 좀 만들자. 외부 간섭 없이 자유로운 건축을 실현하겠다. 이제부터 넘어야 할 가장 큰 상대는 나 자신이다. 이제 낼 모래면 나도 회갑. 뭐 좀 남기고 가야 될 거 아니냐. 살아 있는 건축을, 자연을 체험하며 짓겠다. 이월공소 신부님이 찾아오셨다. 원 선생, 이 도면 한번 봐주지. 역시 첨탑이 하늘을 찌르는 명동성당 버전의 도면.

위 : 상촌미술관 중정
아래 : 상촌미술관 전시장

"제가 한번 만들어 볼게유."

"돈 없는 거 아시죠. 신자가 300명뿐이라."

위 : 이원아트빌리지 광장
아래 : 이원아트빌리지 목련 마당

신자가 땅 300평 기증. 좋다 나도 돈 안 받겠다. 공사비 평당 3백만 원. 연면적 4백 평. 외주비도 원대연 담당. 그럼 6천만 원 헌금한 거다. 역시 돈은 좋은 데 쓰려고 버는 법. 필요한 공사비는 12억. 3억 밖에 없고. 대치동 성당을 찾았다. 원대연의 집안이 힘 좀 쓰는 성당. 9억이면 된장 팔아서 될 규모가 아니다. 제단에 서서 도면을 펼쳤다. 여러분 시골에 멋진 성당을 건립하겠습니다. 반짝이는 보석. 왜 성당이 꼭 적벽돌의 명동성당을 베껴야 됩니까? 도와주십시오. 지로 용지를 돌렸다. 매달 1만 원씩 10개월만. 기적. 공사비가 날아오기 시작한 거다. 뜻이 있으면 길은 열리는 법. 물론 시간은 좀 걸리지만. 현장에 갔다.

"아니 선상님 코너비드가 먼감유?"

"머라."

"아빠, 코너비드가 머야?"

"벽의 모서리에 대어 미장 바름의 모서리가 상하지 않도록 보호하는 철물."

그럼 직영 공사다. 더 까지겠군.

"선상님 사모님이 반대하지 않으셨남유? 계속 까지는디."

"마누라도 천주교."

"아, 예."

성당을 찾았다. 황금색의 샌드스톤. 내부는 백색 뿜칠타일. 심플.

사진 문정식

장식은 싫다. 군더더기 제거. 번지르르한 자재도 싫고. 그냥 편한 건축. 있어도 좋고 없어도 좋은 소품. 난 아무것도 하지 않겠다. 시간의 흐름을 그냥 관조하는 건축. 같이 늙어 가는 연륜이 아름다운 건축.

다시 이원아트빌리지를 찾았다. 일곱 번째 방문. 그냥 첫 느낌과 일곱 번째 느낌이 같은 건축. 원래부터 있어 온 듯한 미술관. 대한민국 최고의 미술관 방문객은 연간 달랑 5천 명.

"선상님, 그림 또 까지졌네유?"

"1년에 1억 까짐."

"그럼, 그림 팔아서 버티남유?"

"미술관 등록할 때 나라에서 5백 점의 그림 중 제일 좋은 1백 점을 지정해 팔 수 없음. 나라 재산. 팔면 쇠고랑."

"땅값 많이 올랐죠?"

"평당 5천 원에서 30만 원으로 올랐음."

그럼 5천만 원이 3백억 된 거다.

"그럼 5천 평만 파시죠."

"아직 지어야 할 건물 많음."

나랑 경지가 다르군. 나 같으면 전부 다 팔고. 1943년 태어난 원대연은 이제 67세. 오늘도 7천 원짜리 유기농 점심을 관람객들에게 대접하면서 환경친화적인 건축을 전파하는 전도사. 우린 이렇게 배웠다. 좋은 일에 쓰려고 돈을 버는 거다. 이걸 21세기에 몸으로 실천하는 대한민국 유일한 건축가. 내비게이션에도 뜨지 않는 이원아트빌리지. 미술관 전화기 불통. 관람객들이 미술관 위치를 묻는 전화 폭주. 진천군은 관심 없고. 미술관을 알리는 입간판도 자비로 설치. 인구 6만의 오지. 그 흔한 건축 문화재도 없고. 수도권에서 도망 온

이방인들의 도시. 전국에서 두 번째로 다방이 많은 마을.
"아빠, 그럼 전국에서 다방이 제일 많은 마을은 어디야?"
"통영."
이제 자녀들 손잡고 내비게이션에 치자. 충북 진천군 이월면 미잠리 306-1. 글구 가자. 자녀들에게 설명해 주자. 인생을 우찌 살아가야 되는지. 다 봤으면 내비게이션에 다시 치자. 충북 진천군 이월면 송림리 292-5. 이월성당. 어두움과 밝음만 있는 명품. 아무 연고도 없는 시골의 문화적인 업그레이드에 홀로 노력하는 그의 작업을 우린 알려야 된다. 우리 시대의 가진 자들에게. 좀 배워라. 인간들아. 돈 세다가 떠날래! 나라에서 안 하니 어쩌냐. 우리 시대의 40대 가장들이 나설 수밖에.

건축은 정성이다

전동성당

900년 신라의 지방 관리였던 견훤은 전주에 도읍을 정하고 후백제 건국. 660년 백제가 멸망한 지 340년 만의 부활.
"아빠, 백제百濟가 먼 뜻이야?"
"딸, 주몽 알지!"
"응. 고구려 만든 사람. 연속극에서 봤어."
"주몽의 셋째아들 온조가 1백여 가구의 졸본부여 사람들을 데리고 압록강 건너와서 세운 나라란 뜻."
견훤은 길이 1.6킬로미터에 이르는 전주성 쌓고 천 년 왕국을 꿈꾼다. 고려의 왕건이 계속 쳐내려온다. 역부족. 36년 만에 멸망. 936년 후백제가 망한 후 전주는 1천 년 동안 왕따. 정권을 잡아 본 적이 없는 거다. 인구는 달랑 60만 명. 그 흔한 공항 하나 없는 오지.

"아빠, 우리나라에 공항이 전부 몇 개야?"

"16개."

"너무 많은 거 아냐?"

"맞아. 지방의 균형 발전을 핑계로 한 과잉투자. 김포, 김해, 제주공항 외에는 다 적자."

"아빠, 왜 이 동네를 전라도라고 하는 거야?"

"전주와 나주의 합성어야."

"그럼 옛날에는 광주보다 전주가 더 큰 도시였어?"

"그럼. 조선시대 때만 해도 한양, 평양에 이어 세 손가락에 꼽히는 대도시였어. 상업이 발전하면서 광주에 밀린 거야."

"광주의 인구는 얼마나 되는데?"

"전주의 두 배가 넘는 140만 명."

"광주光州는 먼 뜻인데?"

"빛의 고을."

전주시 완산구 전동을 찾았다.

"아빠, 왜 이 동네 이름이 전동殿洞이야?"

"이 동네에 전라관찰사지금의 도지사가 머무르던 전라 감영이 있었걸랑. 큰 전각이 있던 동네."

윤지충1759년~1791년. 1783년 서울 명례방明禮坊 : 현 명동 김범우의 집에서 외사촌 형 정약용의 가르침을 받고 천주교에 귀의. 세례를 받았다.

"아빠, 세례洗禮가 머야?"

"육체는 죽고 그리스도 안에서 다시 태어남."

1789년 베이징에 가서 견진성사 받고 귀국.

"아빠, 견진성사堅振聖事는 머야?"

"사랑을 베푸는 그리스도의 병사 입영. 제대도 없는 군인."

김범우

세례명 토마스. 역관 집안 출생. 이승훈으로부터 세례를 받았다. 1785년 이승훈, 정약용 등 남인南人 학자 수십 명이 그의 집에 모여 예배를 보다 당국에 발각. 단양으로 유배. 1786년 고문의 후유증으로 1년 만에 죽음으로써 조선 최초의 천주교 희생자가 된다.

정약용(1762년~1836년)

본관 나주. 호 다산茶山. 시호 문도文度. 1789년 식년문과 합격. 가톨릭 교인이라는 탄핵을 받고 해미에 유배. 정조가 세상을 떠나자 1801년 신유박해 때 장기에 유배. 황사영 백서 사건에 연루되어 강진으로 이배. 유배에서 풀려날 때까지 18년간 다산초당에서 우리 시대의 명저 《목민심서》를 비롯한 500권의 책 저술. 1836년 지구를 떠나는 다산의 유언은 이렇다. "너희를 감시하는 눈길이 항상 따르니, 부득이한 경우가 아니면 나서지 마라. 다친다." 사진은 정약용의 묘.

근·현대 건축 : 전동성당 267

천주교 신자에 대한 박해가 심해지자 낙향. 외사촌 형 권상연 천주교로 인도. 1791년 어머니 권씨가 죽자 가톨릭 의식에 따라 위패를 폐하고 제사를 지내지 않았다.
 진산군수 신사원이 윤지충과 권상연을 잡아들였다.
"야, 좀 봐주라. 나도 다치걸랑. 니는 아비도 없나?"
"난 주님밖에 없걸랑요."
"나도 모르것다."
 전라 감영으로 넘겼다.
"너, 죽을래?"
"맘대로 하서유."
"사형."

풍남문
전주 읍성의 남문. 임진왜란 때 소실. 1734년 중건. 1767년 소실. 1768년 관찰사 홍낙인이 중건. 보물 제308호. 아, 왜놈들. 전동성당 인근에 있다. 전의를 다지시길.

그래 진산군은 현으로 강등. 진산군수 신사원 1백 대 곤장 맞고 잘리고. 여러 사람 다친다. 일파만파. 윤지충과 권상연은 현 전동성당 자리에서 참수되어 9일 동안 풍남문에 목이 내걸렸다. 전라도 최초의 천주교 순교자 등극. 그럼 천주교 신자 줄었을까요? 물론 죽일수록 더 는다. 누르면 누를수록 세지는 게 선비의 속성.

1800년 나이 어린 순조가 왕위에 오르자 섭정을 하게 된 정순왕후는 천주교도 공격. 이른바 신유박해. 전국적으로 1백 명 사형, 4백 명 유배. 좀 고마 해라. 인간들아.

유탄은 전라도로 튀었다. 유항검 능지처참. 부인 신희, 큰아들 중철, 며느리 이순이, 둘째아들 문석, 동생 관검과 그의 아들 종선, 문철 등 일가족 사형. 지독하군. 윤지충의 동생 윤지헌 능지처참. 김유산과 이우집 참수형. 그래 이 전라 감영 터는 7인이 순교한 성지가 된다. 죽을 때 잘 죽어야 되는 거 아시죠.

1653년 아시아 포교를 위해 프랑스에 설립된 파리외방전교회 소속 보두네 신부 1889년 전주 입성. 순교지 3천 평 매입. 코스트 신부에 이어 명동성당 신축을 마무리한 프와넬 신부 전주 도착. 1914년 전동성당 착공. 건평 190평. 아담하군. 로마네스크로 올라가다가 비잔틴으로 마무리. 하늘을 찌르는 고딕의 명동성당과 차별화해야 할 거 아니냐. 원형 돔의 고향은 동양. 서양과 동양을 섞는다.

"아빠, 로마네스크 건축이 머야?"

"위대한 로마 건축으로 돌아가겠다는 중세 건축 양식. 이어지는 고딕 건축에 비해 지역의 토착적인 건축 중시. 단아하고 검박. 아빠가

근·현대 건축 : 전동성당

좋아하는 건축."

"비잔틴은?"

"동양의 영향을 받아 우리의 무덤 형태인 둥근 돔 지붕이 특징."

일제 통감부는 전주에 신작로를 내기 위해 풍남문 성벽을 헐었다. 좋다. 보두네 신부는 성벽의 돌들을 가져다 성당 주춧돌로 사용. 효수형당한 윤지충의 핏자국을 딛고 일어서겠다. 명동성당에 동원 됐던 중국인 벽돌공 100여 명 스카우트.

전주성을 헐은 흙으로 벽돌을 구웠다. 벽돌 공장도 없고. 그렇다고 서울에서 사 올 수도 없다. 돈이 없으니. 석재는 전북 익산 황등산 의 화강석을 마차로 운반해 온다. 세월아 내월아. 목재는 치명자산 에서 벌목.

예수상

성모 마리아상

"아빠, 왜 산 이름이 치명자(致命者)야?"

"원래 산 이름은 승암산이었는데 동정부부 묘를 이곳 산에 조성하면서 개명. 순교자의 산."

"동정부부가 머야?"

"유항검의 아들 유종철과 이순이가 동정부부로 살다가 갔걸랑. 결혼했지만 같이 잠자리를 하지 않는 부부."

"그럼 왜 결혼한 거야?"

"순결을 인내심으로 지키려고. 고통의 길."

"정말 별사람 다 있네!"

"그래야 위대한 성인이 되걸랑."

"아빠, 29세 먹은 강간범이 25년형 받았대."

사제관

근·현대 건축 : 전동성당　273

"좋겠다."

"감옥 가는 게 머가 좋아?"

"아빠, 잠깐 갔다왔는데 독서하기 좋아. 돈의 바다를 벗어날 수 있걸랑."

전주 시내뿐만 아니라 인근 진안, 장수, 장성 등지의 신자들이 밥을 지어먹을 솥과 양식을 짊어지고 와 공사를 거들었다. 자원봉사. 이처럼 건축은 정성이다. 12각형의 파꽃 모양의 둥근 지붕을 얹으면서 1914년 일단 건축물 완공. 성당 봉헌식이 열린 것은 1931년. 착공에서 성전 봉헌까지 무려 23년이 걸린 거다. 가난. 건물 길이 49미터, 폭 16.4미터. 반원형 아치가 계속 반복되면서 하늘에서는 스테인드글라스 창을 통해 찬란한 슬픔이 쏟아진다. 저도 곧 갈게유.

경기전
1410년 태조의 영정을 봉안한 경기전 건립. 임진왜란 때 소실. 1614년 중건. 1771년 조경묘를 세워 전주 이씨의 시조인 이한부부의 위패 봉안. 2008년 사적에서 보물로 업그레이드.

1926년 2대 주임신부였던 라크루 신부가 뒷마당에 사제관 건립. 이번엔 르네상스에 로마네스크를 섞었다. 전라북도 문화재 자료 제178호. 대한민국에서 가장 아름답고 단아한 사제관. 우째 이리 신부님이 부러운지.

"아빠, 르네상스 건축은 머야?"

"질서, 조화, 비례, 대칭을 중시하는 이성적인 건축 양식."

1998년 영화 〈약속〉의 주인공 깡패 박신양과 의사 전도연이 전동성당에서 결혼식을 올리면서 명승지가 된다. 사적 제288호. 1977년 전주시는 전동성당 인근 8만 평을 한옥마을 보존지구로 지정. 700여 채의 한옥 살리기에 나서지만 별무신통.

"아빠, 성당 건너편에 오래된 한옥이 보이는데. 저거 머야?"

"경기전."

전주향교
1410년 완산구 풍남동 경기전 부근에 지어졌으나 1603년 관찰사 장만이 지금의 자리로 옮겼다. 전국 향교 중 유일하게 공자, 맹자, 증자, 안자의 아버지 위패를 봉안한 계성사啓聖祠가 있다. 사적 제379호.

전주객사
1471년 중건. 현판 풍패지관豊沛之館. 한나라의 고조 유방이 출생한 마을이 풍현이고, 자란 마을이 패현. 전주가 조선왕조의 발원지라는 의지의 표명. 중국의 명필 주지번의 글씨. 보물 제583호. 전동성당에서 걸어서 5분 거리.

"그게 먼데?"
"머라. 학교에서 안 배웠니?"
"나 학교 안 다니잖아."
"그렇군."
설경 촬영을 위해 다시 찾은 전동성당. 결혼식으로 바글바글.
"아빠, 성당이 너무 아름답다. 나 나중에 여기서 결혼할 수 있어?"
"전동성당 다니는 남자 구하거나 니가 여기 다녀야 돼."
"결혼식은 공짜야?"
"응. 근데 하나 조건이 있어."
"먼데?"
"여기서 혼배성사 받으면 이혼 불가."
"그럼 나 여기서 안 할래."
"아님 말고."
"명동성당보다 훨 아름다운 거 같은데."
"당연하지. 명동성당을 지은 신부님이 업그레이드 했으니까."
나 무종교이니 오해가 없기를. 난 주님, 부처님 다 사랑함. 양다리 걸치고 있는 거죠.

좋은 물은 향기가 없다

풍수원성당

이필훈(1955년~)
본관 연안. 연세대 건축과 학사, 석사. 미국으로 건너가 오하이오주립대에서 세계적인 거장 피터 아이젠만에 사사. 새건축사협회 회장. 정림건축 대표이사. 대표작으로 '휘닉스 파크 리조트', '폴란드 한국대사관'이 있다.

제1회 '김원 건축상' 제정.

심사대상 : 인문학적인 건축물.

한 번도 건축상을 안 받아 본 젊은 건축가 우대.

심사위원 : 발발이(김원, 이필훈, 김개천, 이용재, 김주원)

상패 및 해외여행비 5백만 원 줌.

매년 시행함.

곧 출간될 《진수무향》의 인세로 진행 예정.

후보자들 신청하세유.

작품 추천도 해주시고요.

발발이 직접 답사 후 결정.

"아빠, 상금 다 아빠가 내는 거야?"

"응."

"아빠도 세계여행 못 가봤잖아."

"응."

"아빠나 갔다오지."

"돈 없어."

"머라."

1800년 정조가 갔다. 독살설도 있고. 11세 순조 등극. 정순왕후가 수렴청정. 이제 정조 친위세력 시파 죽었다.

"아빠, 시파時派가 머야?"

"정조의 정책에 동조하는 무리들을 시류에 야합하는 세력으로 비하한 말."

"그럼, 이명박 정권이 노무현 정권 사람들 잡는 거랑 같은 거야?"

"응. 단 좌파는 그런 짓 안 해. 우린 다 용서하걸랑."

정순왕후가 친위대장을 불렀다.

"야, 뭐 방법이 없겠냐?"

"정조 친위대가 주님 믿는다네요."

"머라, 잘됐다."

1801년 신유박해. 이승훈 신부 등 수십 명 사형. 정조 오른팔 정약용 유배. 수원 화성의 수석 건축가 정약용은 그래 유배지에서 수십 권의 책을 집필하면서 위대한 선비 등극. 글쎄 한 번들 갔다와야 된다니까.

천주교 신자들 보따리 쌌다. 애꿎은 우리만. 야, 어디로 갈까. 선비들 없는 오지로. 그럼 강원도밖에. 40여 명 강원도 횡성군 서원면 유현리 도착. 어라 먹을 게 없네. 산에 불을 질렀다. 화전민. 고구마 심고 캐고. 옹기 구워 내다팔아 쌀 사 오고.

정순왕후貞純王后

1745년~1805년. 본관 경주 김씨. 영조 비 정성왕후가 죽자 1759년 15세로 51세 연상인 영조와 결혼. 정조와 21년 동안 대립. 1800년 순조가 11세로 즉위하자 수렴청정. 정조의 장례가 끝나자마자 사도세자에게 동정적이었던 시파 인물들 대대적으로 숙청. 정조의 이복동생 은언군 사형. 다음 해에는 격렬한 천주교 탄압을 일으켜 정약용 등의 남인들 축출. 1803년 12월 수렴청정 중단. 사진은 정순왕후 생가.

정약용 생가

병인양요
대원군은 1866년 프랑스 선교사 19명 처형. 조선을 탈출한 리델 신부는, 중국 텐진에 주둔한 프랑스 사령관 로즈 제독에게 한국에서 일어난 천주교도 학살 사건을 알렸다. 10월 로즈 제독은 함대 7척과 600명의 해병대를 이끌고 강화도 상륙. 강화성 점령. 11월 11일 프랑스군은 관아에 불을 지르고 약탈한 금괴와 대량의 서적, 보물 등을 가지고 중국으로 철군. 사진은 강화 초지진.

1866년 병인양요. 프랑스 함대 강화도 공격. 대원군 열 받았다. 천주교도 다 죽여라. 다시 수백 명 짐을 쌌다. 어디로 갈까. 횡성군에 좋은 마을이 있다네유. 가자. 유현리 도착. 안녕하셨지라우. 어서들 오세유. 여기 죽여유. 포졸들도 포기한 오지라.

1803년 정순왕후 은퇴. 복수전. 이제 벽파 죽었군. 돌고 돌고. 죽이고 살리고.

"아빠, 벽파僻派는 또 머야?"

"정조에 반대하는 간사한 무리."

"그럼 지금 정권이 벽파야?"

"응."

"그럼 4년 뒤 또 다치겠군."

근·현대 건축 : 풍수원성당

"응."

1871년 <u>신미양요</u>. 이번엔 미국 함대. 복수전. 천주교도들 또 짐 쌌다. 바람 잘 날이 없군. 이제 유현리 마을 주민은 덕분에 1천 명. 옹기도 잘 팔리고.

"아빠, 양요洋擾가 머야?"

"서양 놈들이 조선의 물을 어지럽힌 사건."

"왜 코 큰 인간들을 서양 놈이라고 하는 거야?"

"세계의 중심인 중국의 서쪽에 사는 놈들이라."

"중국이 그렇게 쎄?"

"응. 조심해라."

1886년 조불수호통상조약. 이제 천주교도 죽이지 않겠음. 85년 동안 숨어 살았다. 장난이 아니군. 1801년 숨어들었던 초기 신자들은 이미 다 지구 떠났고. 조선교구장 뮈텔 주교 함경도로 전화.

"야, 르메르냐?"

"예, 주교님."

"횡성으로 가라."

"저, 이제 막 자리 잡았걸랑요."

"너 죽을래."

"아, 예."

"아빠, 자리 잡을 만하면 왜 신부들을 돌리는 거야?"

"고이면 썩걸랑."

"신부도 못해 먹겠군."

"응."

1890년 르메르 신부 당나귀 타고 유현리 도착. 머야, 이거 다 초가집이잖아. 그동안 뜨거운 물 나오는 욕실 딸린 기와집에 살던 르메

신미양요
대원군은 1866년 대동강을 거슬러 올라와 평양성 앞에 정박 중인 무역선 제너럴셔먼 호를 격침시킴. 선원 전부 사망. 복수전. 1871년 아시아 함대 사령관 J.로저스는 군함 5척, 1,230명의 군인들 이끌고 강화도의 초지진 상륙. 광성진 전투에서 결사항전. 일본으로 철군. 사진은 강화 덕진진.

르 입원.

1883년 정규하 페낭으로 유학길에 오른다. 이제 21세. 가는 여정 보자. 부산 - 나가사키 - 홍콩 - 싱가포르 - 말레이시아 페낭 도착. 함께 유학길에 올랐던 21명 중 7명 병사. 1896년 약현성당에서 3호 강도영, 4호 정규하, 5호 강성산 신부 사제 서품. 대한민국 최초의 사제 서품식.

"아빠, 그럼 1, 2호는 누구야?"

"최초 신부는 김대건, 2호는 최양업."

1896년 한국인 신부 정규하 도착. 르메르 신부 뒤도 안 돌아보고 본국으로 줄행랑. 말로는 들어 봤어도 이런 깡촌은 첨이네. 주님 다시는 이런 데 안 오게.

"야, 성당 짓자."

"저희 돈 없는디유."

"몸으로 때워 인마."

신자들 직접 벽돌 찍었다. 정성이면 못할 게 없는 법. 1909년 완공. 전국에서 네 번째 성당이자 한국 신부가 최초로 지은 국산. 고딕식 아트. 주교님이 성당을 찾았다.

"야, 이 성당 이름이 머냐?"

"풍수원豊水院인디유."

"그게 뭔 뜻인데?"

"물이 많은 마을."

1910년 삼위학당 설립. 4서 5경을 가르친다. 교육은 백년대계. 안성 미리내성당을 찾았다. 주임신부는 3호 강도영. 나이도 동갑이고.

"야, 왜 이 성당 이름이 미리내냐?"

"신자들이 밤에 몰래 촛불을 켜고 기도하는 모습이 마치 은하수가

김대건(1822년~1846년)

본관 김해. 증조부 진후 1814년 순교. 아버지 제준도 1839년 순교. 1836년 프랑스 신부 모방에게서 세례를 받고 예비 신학생으로 선발되어 상경. 중국으로 건너가 1845년 대한민국 최초의 신부가 된다. 1845년 상하이를 떠나 충청남도 강경에 잠입. 1846년 백령도 부근에서 체포. 혹독한 고문 끝에 26세로 순교. 1984년 내한 교황 요한 바오로 2세에 의해 시성되어 성인위聖人位에 올랐다. 사진은 김대건 신부 묘.

당진 솔뫼 김대건 신부 기념관 (승효상).

위 : 풍수원성당 유물관

아래 : **미리내 103위 기념성당**
1846년 김대건 신부 새남터 사형터에서 참수. 시신을 빼올 수가 없다. 기회를 엿보던 17세 청년 이민식이 시신을 수습해 150리 길 달린다. 시신 업고. 선산이 있는 미리내에 안장. 민초들이 하나둘씩 모여든다. 낮에는 옹기 굽고 밤에는 등불 켜놓고 미사다. 이를 멀리서 보니 이 계곡이 은하수가 흐르는 골짜기처럼 보인다. 그래 순우리말로 미리내가 된다. 1972년 뒤늦게 성지화 작업에 나선다. 1991년 103명의 성인을 기리는 기념성당 완공.

흐르는 골짜기처럼 보여서."
"우리말이냐?"
"응."

1943년 정규하 신부 선종. 해방을 눈앞에 두고. 풍수원성당 재직 기간 48년. 평생을. 1972년 미리내 성역화 사업 착수. 1991년 <u>103명의 성인을 기리는 기념성당</u> 완공. 풍수원성당 열 받았다. 머라, 미리내가. 대지 78만 평에 성역화 사업 착수. 도와주십시오. 국민 여러분. 1백만 원씩만. 신자도 가난, 횡성군도 가난. 언제 끝나려나. 안 끝나면 말고.

"엄마야, 보내라."
"우린 신자도 아닌데."
"사랑에 무슨 중이 필요하냐!"
"아, 예."

2003년 MBC 미니시리즈 '러브레터' 촬영 팀 도착. 죽이는군. 대박. 강원 유형문화재 제69호.

천주교와 유교가 함께하는 성당

나바위성당

1841년 사제 서품을 받은 파리외방전교회의 다블뤼1817년~1866년는 전교 신부가 꿈이다.

"아빠, 전교傳敎가 머야?"

"전 세계를 다니면서 주님의 말씀을 전하는 신부. 목숨 걸고."

1845년 마카오에서 목선 라파엘 호를 탄다. 어라 김대건 신부도 타고 있네. 자네 여기 웬일인가. 1845년 김대건은 제물포항에서 라파엘 타고 중국 상해로 넘어간다. 금가항성당에서 페레올 주교로부터 사제 서품을 받고 대한민국 1호 신부가 된다. 조선으로 돌아가는 길에 다블뤼를 만난 거다. 제주도 들렀다 42일 만에 전북 익산 근처 나바위 도착. 거 참, 산이 예쁘군.

"이 산 이름이 머냐?"

김대건 신부 생가지
1925년 교황 피우스 11세에 의해 김대건은 복자福者로 선포. 1984년 내한한 교황 요한 바오로 2세에 의해 성인 선포. 충청남도기념물 제146호. 충남 당진군 우강면 송산리. 일명 솔뫼성지라 불린다.

"화산華山이옵니다."

"꽃으로 뒤덮인 빛나는 산이라. 역시. 산 이름은 누가 지었대냐?"

"우암 송시열이옵니다."

"역시 왔다가셨군."

"아빠, 너바위가 머야?"

"너른 바위."

1846년 선교사의 안전한 입국을 위한 비밀 항로를 찾아 나섰다가 백령도에서 체포. 새남터에서 사형. 이제 27세. 대한민국 최초의 신부는 이렇게 가고. 신화가 되나니. 역시 갈 때 잘 가야 된다니깐. 김대건 신부의 귀국선 라파엘 호는 지금 제주도 용수리 하멜표류기념관에 복원 전시 중. 11명이 타고 온 작은 나룻배. 이걸 타고 바다를 건넜다고라.

"딸아, 이런 작은 한 척의 배를 일엽편주一葉片舟라고 한단다. 외워라."

"아빠, 김대건 신부 본관은 어디야?"

"김해."

"엄마랑 같네."

"응."

죽인다고 사랑이 멈추냐. 파도는 계속 치는 법. 그래 또 죽여라. 넌 안 죽나 보자. 대원군.

1887년 사제 서품을 받은 파리외방전교회의 베르모렐 신부에게 전화가 왔다. 야, 서울로 가라. 예. 근데 서울이 어디 있는 도시지. 6개월 만에 백령도 도착. 김대건 신부가 개척한 비밀 항로. 나룻배 타고 제물포 잠입 성공. 용산신학교에서 학생들 가르친다. 얘들아 조선은 1백 년 후 올림픽을 개최할 위대한 나라란다. 열심히 갈고 닦아라. 신부님 1백 년 후를 어떻게 아세유. 내가 점을 좀 보걸랑.

송시열(1607년~1689년)

본관 은진恩津. 호 우암尤庵. 시호 문정文正. 1633년 생원시에 장원급제. 1635년 봉림대군의 사부師傅. 자의대비의 복상 문제가 제기되자 기년설朞年說, 만 1년) 관철시키고 3년 설을 주장하는 남인 제거. 서인의 지도자 등극. 1689년 왕세자가 책봉되자 이를 시기상조라 하여 반대하는 상소를 했다가 제주에 안치. 국문鞠問을 받기 위해 서울로 오는 도중 정읍井邑에서 사사賜死. 사진은 선생이 지은 대전 남간정사.

하멜Hendrik Hamel(?~1692년)

1653년 네덜란드 상선 스페르베르호 타이완을 거쳐 일본 나가사키로 가는 도중 일행 36명과 함께 태풍으로 제주도에 표착. 체포. 서울로 압송. 1655년 2명 탈출. 잡혔다. 사형. 남은 33명 1657년 강진으로 유배. 1662년 전국에 혹독한 가뭄이 왔다. 하멜 일행도 11명 굶어 죽음. 분산 거주. 하멜을 포함한 12명은 여수로, 5명은 순천. 5명은 남원. 1666년 동료 7명과 함께 목선 타고 조선 탈출. 일본 상륙. 1668년 귀국.《하멜표류기》발행. 사진은 제주 하멜표류기념관.

김대건 신부 순교비
김대건 신부 시복 30주년을 기념해 건립. 탑의 크기는 라파엘호의 크기인 길이 25자, 넓이 9자, 깊이 7자를 재현했다. 나바위성당 뒤편 암반 위에 있다.

동학
동학농민운동이라고 부르기도 하지만 규모와 이념적인 면에서 농민 봉기로 보지 않고 정치개혁을 외친 하나의 혁명으로 간주하며, 또 농민들이 궐기하여 부정과 외세外勢에 항거하였으므로 갑오농민전쟁이라고도 한다. 사진은 정읍 동학농민혁명기념관.

전라도가 시끄럽다. 한 맺힌 동네. 1897년 전화가 왔다. 1년 선배인 보두네 신부1859년~1915년는 전라북도의 북쪽, 너는 남쪽을 평정해라. 예. 당나귀 타고 출발.

"얘들아, 이 지역에 극적인 드라마를 갖고 있는 동네가 어디냐?"

"43년 전 김대건 신부가 몰래 입국한 나바위인디유."

머라. 가자. 음, 죽이는군. 금강도 내려다보이고. 본국에 전화. 1천 냥만 보내 주세유. 동학운동 때 망한 김여산의 초가집 사들여 성당을 차린다. 현판을 걸었다. 나바위성당. 소문이 났다. 라파엘 호가 도착한 나바위. 헌금은 밀려들고. 역시 터가 좋아야 돼. 건축도 그렇고.

명동성당을 찾았다. 음 고딕이군. 포아넬 신부님 설계도 좀 주서유. 좀 베끼게. 그러지 머. 돈은 모질라고. 나무 기둥을 대충 세웠다. 직사각형 단순한 평면.

"신부님 저희는 남녀칠세부동석이걸랑요."

"머라, 그게 먼데?"

"아이가 6세가 되면 수와 방향의 이름을 가르치고, 7세가 되면 자리를 같이하지 않고, 8세가 되면 소학에 들어가야 되걸랑요."

"그러지 머."

그 지역의 문화에 관여하지 않는 게 외방전교회의 법. 중앙에 기둥을 죽 세우고 칸막이 설치. 좌측은 남자석, 우측은 여자석. 입구도 따로. 지금도 이 법을 따르고 있다. 칸막이는 제거했지만. 천주교와 유교가 함께하는 위대한 성당.

"아빠, 왜 남자가 좌측이야?"

"좌고우저. 좌가 더 높은 법. 그래 종묘도 근정전 좌에 있고."

"왜 남자가 더 높아야 돼?"

"아님 말고."

"신부님 지붕엔 뭘 얹죠. 명동성당엔 동판 얹었던데."

"돈 없다. 기와 얹어라."

토착적인 재료. 늘 보아 왔던 친근한 재료. 값도 싸고. 고딕에 기와 지붕이라. 팔작지붕도 있고. 죽이는군. 이거 절이야 성당이야! 예수와 부처의 사랑이 넘나들고. 허긴 종교엔 국경이 없으니.

"신부님, 벽은 뭘로 채우죠. 명동은 벽돌로 했던데."

"돈 없다. 흙으로 메워라."

팔작지붕

한식韓式 가옥의 지붕 구조의 하나로, 지붕 위까지 박공이 달려 용마루 부분이 삼각형의 벽을 이루고 처마 끝은 우진각 지붕과 같다. 맞배 지붕과 함께 한식 가옥에 가장 많이 쓰이는 지붕의 형태. 사진은 경복궁 경회루.

외벽인지 담장인지 헷갈리고. 아무려면 어떠랴. 정성이 있으면 그만. 10년 만에 완공. 1906년 축성식. 난리가 났다. 사상 초유의 짬뽕 건축. 그러면서 단아하니.

"아빠, 중국에 가니까 짬뽕 없던데."

"우리 입맛에 맞게 만든 거야."

"그럼 이 성당도."

"맞아. 우리 문화에 맞게 만든 거야."

나이 103세. 1907년 계명학교 설립. 아그들 가르친다. 하늘 천 따지. 교육은 백년대계.

"아빠, 백년대계百年大計가 머야? 많이 들었는데."

"먼 앞날까지 미리 내다보고 세우는 중요한 계획."

"계명학교는 천주교 가르치는 데 아니야?"

"아니. 천주교는 강제하지 않아."

"기독교는 월급의 10퍼센트를 헌금해야 되지?"

"응."

"그럼 천주교는!"

"각자 맘."

"안 내도 돼!"

"응."

"눈치 주는 거 아냐?"

"아니."

"그래서 성당이 가난하구나!"

위 : 면앙정
아래 : 망금정

"응."

1912년 대구교구장 드망즈 주교가 나바위를 찾았다. 음. 풍광이 죽이는군. 나 여기서 피정할 게. 그러시죠 머.

"아빠, 피정避靜이 머야?"

"속세에서 벗어나 묵상하는 거."

"묵상默想이 먼데?"

"마음으로 생각하는 거."

주교님 돌아가시자 누각 신축 착수. 나바위에 천막 치고 피정하게 하실 순 없고. 담양 면앙정을 찾았다. 음 죽이는군. 스케치. 베껴야지. 몰래. 나바위 위에 정면 3칸, 측면 2칸 기둥 세우고 기와를 얹었다.

1915년 주교님이 다시 찾았다.

"어라, 죽이네. 이 정자 이름이 머냐?"

"없는디유."

"그럼, 망금정望金亭이라고 하자."

"먼 뜻인지."

"너 아직 천자문 안 뗐냐!"

"지금 바빠서."

"야, 너 놀지 말고 공부 좀 해라. 금강을 바라보는 정자라는 뜻이다."

"아, 예."

1916년 흙벽 뜯어내고 벽돌을 채웠다. 적벽돌은 구조재, 회색 벽돌은 장식재. 심플. 원래 명작은 단순한 법. 자연과 함께하면 그만. 1931년 베르모렐 신부 이미 72세. 은퇴. 28세에 이 땅을 밟은 지

44년 동안 나바위를 지켜 온 분.

"신부님, 이제 고향으로 돌아가시죠?"

"됐다. 내 조국은 대한민국."

성바오로 수녀원 지도 신부로 취직. 양로원. 6년 동안 또 고아들 가르친다. 애들아 꿈을 잃어서는 안 된다. 지금 힘든 건 좋은 일이 생기려고 그러는 거걸랑. 1937년. 너무 오래 살았군. 선종. 77세. 베르모렐 신부님에게 대통령 훈장을 주자 홀라 홀라.

1935년 왜놈 순사들이 계명학교를 찾았다.

"너네 정말 신사참배 안 할 거야?"

"배 째셔유. 불사이군. 우리에겐 주님뿐."

"야, 지금 전국에서 2백만 명이 매년 참배에 나서고 있걸랑."

"남들 다 하는 건 우린 안 함."

당시 신사참배에 나섰던 인간들은 고해성사 하라 홀라 홀라. 후손들은 반성하고. 안 하면 말고.

신부, 수녀, 신자 전부 구속. 학교 폐쇄. 그런다고 지구가 안 도나. 머 이런 거다. 1955년 성 김대건 신부 순교비 건립. 1991년 피정의 집 건립.

사적 제318호.

무엇도 담을 수 있는 장대한 중정

호텔 라궁

조정구. 1966년 생. 말띠군. 내 마누라랑 동기고. 부친은 MBC방송국 엔지니어로 있다가 지금은 은퇴. 조정구는 어릴 때부터 수천 장의 타일을 바닥에 깔아 놓고 집을 지었다 부셨다 하면서 자란다. 중2. 집 짓는 사람이 꿈. 부모는 큰아들에게는 공대를, 조정구에게는 의대에 진학할 것을 권유. 근디 이게 뒤집어진다. 형은 의사가 되고 동생은 건축가가 되니. 맘대로 되나. 고등학교 2학년이 되자 부친 왈.

"야 인마, 물리학과 미술을 합친 게 건축이야."

머야, 그럼 내가 좋아한 게 건축이잖아. 그럼 건축과 가야지. 그때까지 건축가가 머 하는 사람인지도 몰랐다.

1970년 대한민국의 대동맥인 경부고속도로를 완공한 박통은 일본관광객을 끌어들이기 위해 경주 살리기에 나선다. 1974년 600억 투입해 300만 평의 광활한 대지에 보문관광단지 조성. 50만 평의 인공호수 보문호도 들어서고.

경주관광공사는 고민이다. 보문단지를 살려야 되는디. 삼부토건의 조정구 회장은 보문단지의 도쿄호텔을 인수해 막내에게 경영을 맡긴다. 1987년 국립박물관장 한병삼은 조 회장을 꼬신다. 민속촌이나 하나 만들죠. 경주 유일의 어른 놀이터. 1천 년의 문화도 알리면서 빈대떡도 팔면 일석이조 아닙니까. 보문단지 내 6만 평을 거의 껌 값에 분양받고. 단 조건이 있다. 3년 내에 신라민속촌을 완공해 보문단지를 살려내야 된다. 마스터 플래너는 김원. 160억 들여 80퍼센트의 공정률을 보이던 중 조 회장이 돌아가신다. 자녀들은 신라민속촌에 관심이 없고. 한병삼 관장도 돌아가시고. 공사 중단. 2006년 삼부토건은 750억을 추가로 투자해 신라민속촌 공사 재개. 이름도 바꾼다. 신라 밀레니엄 파크. 대지 5만 4천 평.

신라 밀레니엄 파크

라궁의 대지는 1만 평. 20개의 한옥 객실을 만들자. 서울대에서 학사, 석사를 하고 일본 도쿄대에서 박사를 수료한 조정구는 2000년 서대문에 사무실을 차린다. 사람들의 삶과 가까운 근린생활시설과 다세대 주택 전문 건축가가 되겠다. 다세대 주택이 첫 작업. 다음 해 송인호 교수를 만나면서 방향이 달라진다. 21세기 한옥을 만들자. 어라, 나 현대 건축가인디. 북촌 한옥마을의 행정대사가 된다. 댓글이 달렸다. 조정구 왈.

"나는 여전히 도시 한옥을 보편적 건축의 일부로 보고 있기에 방향이 달라졌다고는 생각하지 않는다."

송인호(1957년~)
서울대 건축공학과 학사, 석사, 박사. 1988년 한남대학교 건축공학과 부교수. 이탈리아 피렌체대학교 건축대학 초청연구원, 1998년 서울시립대학교 건축도시조경학부 교수. 서울시정개발연구원 초빙 선임연구위원.

북촌
청계천과 종로의 위쪽에 위치했다 하여 북촌이라 불리게 된 북촌마을은 북악산 자락 아래 동서로 펼쳐진 가회동, 삼청동, 원서동, 재동, 계동, 인사동, 사간동 등을 말한다. 대부분의 주민들이 조정의 문무 대신들이거나 양반이었던 마을. 현재 이곳 20만 평의 북촌에는 2,300동의 집이 있다. 그 중 1,400동이 한옥. 한옥 보존 지구. 대한민국 최고의 주택지. 선비 정신이 살아 있는. 사진은 북촌문화센터.

위: 순정황후 윤씨 친가
가운데 : 부마도위 박영효 가옥
아래 : 해풍부원군 윤택영 댁 재실

그럼 더 좋고. 마이 웨이다. 어차피 목적지는 같다. 나나 조정구나. 북촌에서 30여 개의 한옥 리노베이션에 참여하면서 이제 한옥 건축가가 된다. 1999년 결혼하면서 3형제의 아빠가 된다. 이제 서울의 모든 동네를 섹터로 나눠 매주 직원들과 답사에 나선다. 원하는 사람은 누구나 참여 가능. 그냥 걸어다닌다. 서울의 숨은 건축을 찾아 나선다. 서민의 삶을 들여다보는 거다. 어떻게들 사시나. 2003년 예쁜 한옥을 찾았다. 그래 이 한옥에 살림집 차린다. 한옥에 살아야 한옥을 이해할 거 아니냐. 자녀들은 안마당에서 뛰어놀고.

1만 평은 다시 5,600평으로 줄어들고 20개의 객실은 16개로. 일단 평탄한 보문단지의 풍광이 안 좋다. 길이 90미터의 연못 조성하고 둔덕을 올려 조경에 심혈을 기울인다. 인근 지하에서 평균 20도의 온천수가 솟아난다. 수자원공사에 물 값 내고 이걸 끌어온다. 일단 기계실로 이 물을 끌어와 뜨거운 물은 객실로 돌리고 식은 물은 연못으로 보낸다.

독일에서 전나무를 들여왔다. 국내산 전나무의 1/3값. 전체 예산은 30억. 공사 기간은 7개월. 한옥 모형은 수없이 만들어지고. 경주 왔다리갔다리. 그럼 까졌겠군.

"호텔 이름은 누가 지은 거예유?"

"지가요. 개장일이 가까워 오자 이름을 짓는데, 신라궁으로 하자는 거예요. 그래 제가 아예 라궁으로 하자고 했죠."

"사무실 이름이 왜 구가 guga예유?"

"지가 워낙 9자를 좋아해서."

"왜 9자를 좋아하는데유?"

"제 이름이 정구잖아요."

"아, 예."

마침 삼부토건의 회장 이름도 조정구. 나도 조정구. 그래 본사 직원들이 덜 댐빈다. 댐비면 이렇게 말했다. 나 조정구걸랑. 아, 예 회장님. 다소곳한 현관 들어가니 중정. 하늘이 열리고 거대한 단풍나무가 들어앉아 있다. 2층 규모의 한옥. 1층은 프런트, 2층은 식당. 1박에 얼마예유? 33만 원. 저 혼잔데 1인당 15만 원이라고 홈피에 써 있던데. 2인 기준. 숙박료에 아침저녁 식사비, 밀레니엄 파크 입장권. 노천탕 목욕료 포함해서 좀 비싸요. 남자 직원 2명이 다 개량한복을 입고 서빙. 연락 받으셨죠. 예.

프런트 지나 객실로 가는 길. 바닥으로 물이 흐른다. 온천수는 끊임없이 흘러가고. 한 칸이 뚫리면서 이 물은 연못으로 다이빙. 거대한 'ㄷ'자의 평면. 장대하다. 중정은 텅 비어 있고. 그냥 흙바닥.

"왜 중정이 텅 비어 있어유?"

"커다란 연못을 다시 만들고 애련정 같은 걸 놓으려고 했는데 예산과 공기에 쫓겨서리."

"아빠, 애련정愛蓮亭이 머야?"

"연꽃을 사랑하는 정자. 창덕궁 후원에 있단다."

"그냥 창덕궁 안마당처럼 박석을 쭉 깔아도 좋을 거 같은디유."

"아빠, 박석薄石은 또 머야?"

"얇고 넓적한 돌."

"지금은 월대도 좋다고 생각하고 있어요."

"아빠, 월대月臺는 또 머야?"

"궁전이나 누각 앞에 세워 놓은 섬돌."

"그럼 섬돌은!"

"정전의 위엄을 높이려고 돌을 여러 겹 쌓아 만든 돌층계."

한옥 문 열고 객실 들어서니 작은 마당이 먼저 등장하면서 돌 욕조

위 : 애련정
가운데 : 창덕궁 박석
아래 : 종묘 월대

노천탕

가 야외에 만들어져 있다. 이 욕조의 수도꼭지를 틀면 이게 노천탕이 되는 거다. 물 좋군.

"일본 여관 냄새가 난다는 얘기들이 인터넷을 도배질하고 있던데?"

"그건 오해예요. 일본은 기본적으로 대중탕이에요. 여러 명이 한꺼번에 들어가는. 시간 간격을 두고 남탕과 여탕을 바꾸어 쓰고. 여기 노천탕은 아주 프라이비트한 독탕이에요. 한국적인 노천탕."

툇마루 올라서니 문 달린 대청마루. 대청마루 지나 남쪽으로 누마루다. 누마루에 앉으니 물이 출렁거리고. 창호 가득.

"가구들이 우째 요란하네유?"

"지가 관여를 못했어요. 말을 안 들어요. 소박한 가구들을 추천했지만 비까번쩍한 가구들을 가득 채웠어요."

방을 나오니 1백 미터의 회랑이 연속되고. 끝도 없는 회랑. 박공지붕의 반은 회랑이고 반은 서비스 공간을 숨긴다. 한복을 입은 현대 건축.

"아니 이걸 어떻게 7개월 만에 만들었남유?"

"현장에서 기계화를 실험했어요. 설계 단계에서 각 객실을 유닛화해서 2개를 계속 7번 반복. 그러니까 설라무네 모든 자재를 미리 치목해서 끼워 맞춰 나갔거든요. 완전 토이 블럭이에요. 목구조 가구법의 현대화."

"여기 완전 적자겠네유."

"7년 지나면 손익분기점을 맞출 수 있어요. 그래 직원 수도 타 호텔의 1/3로 줄였어요. 삼부토건에서 접대용으로 자주 사용하니까 그렇게 적자라고 할 순 없어요. 영빈관의 기능도 하니까요. 그래 VIP

실을 2개 만들었어요."

"연못물은 그냥 정체돼 있는 건감유?"

"기계 장치로 계속 정화하도록 되어 있어요."

"연못 너머로 풍광이 너무 열려 있는 거 아닌감유?"

"공사 끝나 갈 즈음 높은 분이 건너편에서 보더니 나한테 연락도 없이 라궁이 안 보인다고 둔덕을 날려버렸어요."

"아, 예. 자랑하고 싶었나 보죠. 인터넷 들어가 보니까 조목수는 100명을 동원해 7개월 만에 해냈다고 자랑이 대단하대요."

"자랑이 아니에요. 이 정도 한옥이면 3년은 잡아야 돼요. 그래 디테일이 다 망가졌어요."

"그럼 평당 600만 원 들어간 건감유?"

연경당

1800년 조선 제23대 왕에 순조 즉위. 이제 11세. 정순왕후 수렴청정. 마구 죽인다. 1803년 친정. 이제 14세. 이제 권력은 장인 김조순에게 넘어가고. 안동 김씨의 세상. 정치가 싫다. 1827년 아들 효명세자에게 옥새 넘겨 주고 창덕궁으로 갔다. 99칸의 한옥 건립. 연경당. 세월을 낚는다. 1830년 효명세자 급서. 이제 22세. 머라. 슬픈 집.

운현궁
고종 15세, 명성황후 이팔청춘 16세. 1866년 운현궁에서 성대한 가례가 펼쳐진다. 1,641명의 수행원과 700필의 준마 동원. 대왕대비는 호조에 명하여 운현궁에 매달 쌀 10섬과 100냥씩을 보내고, 운현궁의 증축 비용으로 17,830냥 지원. 나라도 망하고, 운영 불가. 1991년 대원군의 5대손 이청은 서울시에 80억에 매각. 인생무상.

"예. 엄청 싸게 지었네요. 창피한 일이죠. 도면대로 되질 못했어요. 나중에 급하니까 그냥 막 간 거죠. 제가 목수 보고 싸게 지은 게 자랑이 아니라고 말해도 마이동풍이에요."

이제 44세의 듬직한 체구의 조정구. 국민 여러분 기뻐하십시오. 여기 우리 한옥의 현대화에 고군분투하는 건축가가 나타났습니다. 이 얼마 만입니까? 제가 한옥맹이라 망가진 디테일을 발견하진 못했습니다만, 전 이 라궁이 무척 좋습니다. 텅 비어진 수천 평의 중정. 무엇도 담을 수 있는 장대한 공간.

"딸. 어떤가."

"시원하네."

한겨레 구본준 기자 전화가 왔다. 라궁 어때유? 죽여. 다음날 한겨레신문에 대문짝만 하게 났다. 내 블로그 방문객은 하루 5천 명을 넘어서고. 난리가 났군. 구본준이 물었다.

한옥이 과연 현대 건축으로 가능한가?

"현대라는 시대에 맞게 한옥이 지어질 수 있다. 그게 호텔일 수도 있고 레스토랑일 수도 있다. 그렇게 스스로 한옥이 진화할 수 있다고 본다. 한옥 작업을 하기 전까지는 나도 '전통은 해석되어야 하는 것'이라고만 생각했다. 그렇게 머릿속에 주입받았던 것이다. 그런데 직접 한옥 작업을 해보니 그게 아니었다. 한옥은 스스로 건축으로, 특히 현대 건축으로 발전할 수 있다는 확신이 들었다."

사진 박영채

미대사관저
나라도 망하고, 돈이 필요한 왜놈들은 만만한 덕수궁 땅을 찢어 팔기 시작. 임금의 영정을 모시던 사성당이 있던 3,500평을 민계호가 사들인다. 1882년 한미수호통상조약을 체결한 이후 미국공사 루시어스 푸트는 1884년 민계호의 한옥 매입, 미대사관저로 전용. 1973년 당시 대사인 필립 하비브가 리모델링하면서 '하비브하우스'라는 애칭으로 불려진다.

서울 북촌 등의 20세기 도시 한옥들은 역사적 가치는 있지만 미학적으로는 조선시대 전통 한옥에 못 미치는 저가형 '집장수 한옥'이란 평가가 많았다. 이런 도시 한옥을 주목한 이유는?

"근대화와 함께 모든 것이 바뀌던 시기, 한옥도 스스로 근대를 열었다. 창덕궁 연경당이나 운현궁, 미대사관저 등이 그걸 보여 준다.

그러다가 한국전쟁 등으로 이런 흐름이 끊긴 것이다. 근대 한옥으로 등장한 도시 한옥들은 기능과 미학 양면에서 나름 근대화된 도시의 좁은 땅에서 주어진 조건에 맞게 최적화한 생명력을 보여 준다. 도시란 여건에 맞게 뽑아낸 최선이 담겨 있기에 현대 한옥에 맞는 거주의 본질이 있다고 믿는다. 도시 한옥은 분명 보편적 건축의 일부다."

한옥이 보급화되려면 무엇이 필요하다고 보는가?

"한옥은 무작정 싸다고 되는 건물이 아니다. 보급화는 중요하나 수준 높은 보급화라야 오히려 가능하다고 본다. 값싼 한옥이 꼭 보급화의 중요한 방법은 아니다. 일본에는 오래전부터 전통 건축을 현대화하는 '화풍 和風 건축'이란 장르가 있어 이 장르만 매진하는 건축가 그룹이 있다. 앞으로 우리 건축계도 이렇게 가리라고 본다. 전통 문화재 한옥은 전통대로 자기 길을 가는 것이고, 새로운 현대 한옥은 현대 한옥대로 가야 할 길이 따로 있다."

송년회에서 조정구를 만났다.

"아들 3명은 잘 크나."

"딸 또 나왔어요."

"머라. 돌았군."

호텔 라궁 사진은 내 딸이 찍은 것임. 대를 이어야 될 텐데.

그러나
잘나가는
이용재여

글 공장 공장장 이용재가 이용재론을 써달란다. 참 난감하다. 내가 대학 교수라서 부탁한 모양이다. 항상 잡지책이나 뒤적이고 그 잡지책도 그림만 보고 글은 잘 읽지도 않는 철 밥통 날라리 교수에게 글을 써달라니 참.

처음엔 조교에게 써달라고 시킬까 했다. 우리 만물박사 조교들은 인터넷 몇 시간 뒤지면 미네르바보다 잘 쓸 텐데. 에잇! 그래도 이용재의 부탁인데 양심상 짧게라도 써보자.

이용재를 만나면 소설가 이외수가 떠오른다. 언젠가 이용재도 책 팔아 돈 벌고 담배 끊고 CF 출연하면 저렇게 되겠지라는 생각이 든다. 일단 유달리 남루한 외모, 왜소한 체격이 참 비슷하기도 하거니와 유니크하다. 간혹 그가 덜떨어진 이중섭이나 고흐 같다는 생각도 했다. 가족도 못 챙기는 주제에 외롭게 한 구녕만 호벼 파며 온갖 세상 고민 다 하다가 장수무병할 리는 만무해 보였기 때문이다.

이제는 스타급 건축 문인이 된 이용재. 그가 가련하면서도 부럽고, 한심하면서도 존경스러운 것은 건축에 관한 글빨로만 먹고사는 몇 안 되는 문화재급 인사라는 생각이 들기 때문이다. 그간 그의 글 공장은 참 대단했다. 과거의 그의 글은 온당했지만 독설이 난무한 건축의 해부학이었다. 그는 현대 건축과 건축가의 뱃속을 칼질하여 속살을 헤집어 보고 그 뱃속에다가 고래고래 고함을 치고 있었다. 그의 옆 이마에는 퍼런 핏발이 선 채로.

그러던 이용재의 나이가 이제 50줄에 들어섰다. 내공이 쌓이고 경공을 사용하여 세상을 약간 내려다볼 줄 알게 된 것 같다. 그동안 핏대 오른 사람들에게만 겨우 들리던 그의 고함소리가 바뀌었다. 동네 꼬마들에게는 '아자씨'처럼 이야기하고, 날라리 여중생에게는 낄낄대며 접근할 줄도 알게 된 것 같다.

그의 글은 아직도 약간 뻐딱하지만 너그러움이 더해져서 칠공팔공의 아줌씨들에게는 읽고 듣기가 훨씬 편해졌다. 아마 좀더 세월이 흐른 후 그는 노인정에 누워 동네 할머니들에게 둘러싸인 채 밤새도록 재미나는 건축 이야기를 노가리까고 강의료까지 받아 챙길지 모른다.

최근에 개발한 그의 이러한 기술(?)들은, 추측컨대, 40대 중후반까지 축적한 그의 해부학적 독설술과 핏대가 십대의 딸이라는 용광로에 녹아들어 비로소 대중과 소통하는 전기를 마련한 것이 아닌가 싶다.

돌이켜보면 그도 이제 모든 계층과 소통할 수 있는 나이가 되었다. 그래서 나는 그의 나이에 걸맞은 변신을 늦게나마 매우 환영한다. 이용재는 최근의 글들에서 건축을 이야기하며 딸을 팔고, 건축의 인문학적 소양을 팔고 있다. 당연한 일이다. 건축은 가족과 밥상머리에서 충분히 이야기할 수 있는 소재이며, 공학과 기술서를 제외하면 건축은 대부분 본래 인문학 그 자체이기 때문이다. 이 담대한 사실을 이용재가 우리에게 일깨워 준 것일 뿐.

옛날에 글 팔아 여기저기 잡지사를 유랑하는 편집장들을 보았다. 건축 잡지사 편집장 출신의 이용재가 군계일학의 스타로 만들어지는 과정도 흥미롭다. 그의 땀과 노력으로 치열하게 만든 책과 글들은 모조리 실패하고, 택시 운전수와 백수를 전전하는 동안 내공이 쌓여 딸을 볼모로 한 신변잡기가 베스트셀러가 되었다니. 일본의 세계적인 건축가이자 '맨살세멘트'의 달인 안도타다오, 그도 형편없는 전적의 프로 권투선수 출신이었다지 아마.

국회에 재입성한 딴나라당 사무총장 박계동도 백수 시절 식당 일과 택시 기사를 전전했다지 않던가.

그러나 잘나가는 이용재여.

앞으로 맨살세멘트만 개념 없이 다량으로 찍어대는 안도타다오처럼 되지 말기를.

그리고 꼴통보수로 전락하여 강남 룸살롱에서 여종업원이나 더듬는 박계동처럼 되지도 말기를.

제발. 책 팔아 개기름 낀 문열이 '아자씨'는 따라하지 말기를.

진보라는 머리통은 달고 있으나, 강남에 사는 죄로 몸이 그 머리통을 따라가지 않는다는 '강남좌파' 글 공장이 되지 않기를.

더불어 작금의 '땅박'이 대통령처럼 되지도 말 것이며, 그 전의 그분처럼 좌회전 깜빡이 켜고 우회전하는 우도 범하지 말기를.

그리하여 20년 후, 언제나처럼 깡마르고 약간은 신경질 난 얼굴로 《외손녀와 함께 떠나는 건축여행》의 팬 사인회에 필자도 꼭 초대해 주시기를.

2009년 5월

임채진(홍익대 건축과 교수)

딸과 떠나는 인문학 기행

글·사진	이용재

1판 1쇄	펴낸날 2009년 5월 1일
1판 5쇄	펴낸날 2012년 8월 15일

펴낸이	이영혜
펴낸곳	디자인하우스
	서울시 중구 장충동2가 162-1 태광빌딩
	우편번호 100-855 중앙우체국 사서함 2532
대표전화	(02) 2275-6151
영업부직통	(02) 2263-6900
팩시밀리	(02) 2275-7884
홈페이지	www.design.co.kr
등록	1977년 8월 19일, 제2-208호

편집장	김은주
편집팀	장다운, 전은정
디자인팀	김희정, 김지혜
마케팅팀	도경의
영업부	김용균, 오혜란, 박예지
제작부	이성훈, 민나영
교정교열	안봉선
출력	삼화칼라
인쇄	대한프린테크

Copyright ⓒ 2009 by 이용재

이 책은 (주)디자인하우스의 독점 계약에 의해 출간되었으므로 이 책에 실린 내용의 무단 전재와 무단 복제를 금합니다. (주)디자인하우스는 김영철 변호사·변리사(법무법인 케이씨엘)의 법률자문을 받고 있습니다.

ISBN 978-89-7041-998-5

값 14,800원